山折哲雄　監修

日本人なら知っておきたい 親鸞と浄土真宗

教義と宗派の歴史がスッキリわかる

『あなたの知らない親鸞と浄土真宗』改題

光文社

本書は『あなたの知らない親鸞と浄土真宗』（2013年洋泉社歴史新書）を加筆・修正し、文庫化したものです。

はじめに——日本仏教史と浄土真宗

山折哲雄

浄土真宗の全体像を鳥瞰《ちょうかん》するためには、まず二つの焦点を見定めておくことが必要であると思う。それは日本の仏教史の流れを内側から眺めるためにも、欠かすことができない。

一つ目の焦点は、いうまでもないことだが十三世紀の親鸞《しんらん》（一一七三〜一二六三）とその時代の動きであり、二つ目が十五世紀の蓮如《れんにょ》（一四一五〜一四九九）とその時代の特色である。十三世紀は、伝統的な仏教のあり方を全面的に変えようとする勢いが一挙に強まった時代である。硬直化した教団の仏教から、個人の内省に目を注ぐ単独者の仏教へと、改革の炎が燃え上がっていった。法然《ほうねん》や親鸞、道元《どうげん》や日蓮《にちれん》がこの時代のヒーローだったが、なかでも親鸞は、念仏による万人救済をもっともラジカルに主張した人間としてきわ立っている。彼は阿弥陀如来《あみだにょらい》にたいする献身的な信心を説いたが、その敬虔《けいけん》な態度は仏教の諸流派の中では、もっとも「一神教」的な性格をにじませるものといっていいだろう。

十五世紀は、応仁《おうにん》の乱にみられるように動乱の時代だった。「下剋上《げこくじょう》」の時代ともいわれるが、権威や権力が目まぐるしく交替し、価値の逆転にもとづく社会の世俗化が進行していった。その時代の波に乗り、やせ細った本願寺《ほんがんじ》の屋台骨を大教団に育て上げたのが、本願寺第八代の法主《ほっす》の座についた蓮如である。親鸞は京都と常陸《ひたち》のあいだを行き来しただけであったが、蓮如は京都の本願寺を中心に、その教線を同心円状に全国に広げ、仏法領土を拡大することに成功した大衆宗教家だった。同時代者に、能の世阿弥《ぜあみ》、臨済《りんざい》禅の奇僧一休《いっきゅう》、水墨画の雪舟《せっしゅう》、やや遅れて茶の湯の千利休《せんのりきゅう》、などがいた。仏教思想が一面では文化的な運動へと発展し、他面ではその分だけ大衆化と世俗化の波をかぶるようになっていたといってもいいだろう。

十三世紀における親鸞の個性的な思想は、十五世紀の蓮如による大衆路線とその戦略を抜きにしては、本願寺教団ののちの発展へとつながることはなかったにちがいない。同様にして蓮如の大衆伝道も、親鸞の深味のある救済論を欠いては大衆のこころをつかむことも、尊敬をうけることもできなかっただろう。本願寺教団の今日の姿を把握するためには「二つの焦点」を見定めることが必要だといったゆえんである。

面白いのは、親鸞と蓮如の救済論がときに異なった音色をひびかせるということだ。結論をさきにいってしまえば、親鸞は「悪人正機《あくにんしょうき》」の視点に立つのにたいして、蓮如のほうはむしろ「善人正機」の立場をくずさなかったということだ。人間にたいする見方が根本的に違っている、といってもいい。

親鸞の言葉を弟子の唯円《ゆいえん》が編集したといわれる『歎異抄《たんにしょう》』を読めばわかるように、その第三条には「善人が救われるのはいうまでもないが、それならなお一層、悪人が救われないはずがない」といっている。悪人こそが救われるという「悪人正機」の説である。ところが、一方の蓮如の考え方をあらわすといわれる『御文章《ごぶんしょう》』(『御文《おふみ》』)を読むと、「宿善開発《しゅくぜんかいほつ》」という言葉がくり返し出てくる。宿善というのは、この世における善を意味するだけではなく、過去における善をも含んでいる。そして、人間にそなわっている善の可能性をたえず引き出せ、といっているのである。蓮如は『御文章』(『御文』)の中では、日常的に善を積め、善を積めといっているわけで、そのどこにも「悪人こそが救われる」などとはいっていない。それどころか蓮如は、「悪人正機」を説く『歎異抄』を「無宿善」の人間、すなわち「悪人」には読ませてはいけない、とまでいっているのである。

蓮如が活躍したのは、さきにもいったように戦乱の時代だった。戦争と人殺しが日常化しているような時代だった。一向一揆《いっこういっき》が頻発し、蓮如が本願寺の門信徒にたいしていくら争いや戦いをやめるよう勧告しても、聞きとどけられることがかならずしもなかったことも考慮しておかなければならないだろう。

蓮如が「悪人往生《おうじよう》」や「女人《によにん》往生」を説かなかったわけではない。そのことは認めなければならないが、しかしその伝道活動の重要な手段だった『御文章』(『御文』)では、善を積むべしと説いて、「善人正機」といってもいいような救済論を展開していたのである。

親鸞の原理主義路線と蓮如の大衆伝道路線である。その二つの路線を複合的に抱えこみ、そのときどきの時代の動きや政治の変化に柔軟に対応する形で、今日の本願寺教団の大勢力と浄土真宗の思想的な基盤が形成されてきたといっていいだろう。

日本人なら知っておきたい親鸞と浄土真宗◉目次

◎法然と親鸞

◎宗祖の生涯

◎宗祖の教え

◎宗祖の晩年

第2章　身近な浄土真宗とその特徴

第3章 日本史の中の浄土真宗

早わかり浄土真宗❸

親鸞以降の浄土真宗史

資料編　日本人なら知っておきたい親鸞と浄土真宗　179

執筆者／拓人社（小松卓郎、小松幸枝）
編集協力／伊藤智誠（浄土真宗本願寺派布教使）
コーエン企画（江渕眞人）
DTP・図版作成／アミークス（桜井勝志）

第1章

「親鸞」の生涯とその教え

第1章

早わかり浄土真宗❶

鎌倉仏教と浄土真宗

浄土真宗の宗祖となる親鸞《しんらん》が生きたのは、今から八百年ほど前の平安時代末期から鎌倉時代にかけてである。

およそ四百年続いた平安時代だが、その末期になると政治は腐敗し、乱世となった。さらに飢饉《ききん》に見舞われて、人々は「末法《まっぽう》」の世が到来したとして恐れおののいた。そんな時代に登場したのが、鎌倉仏教の担い手たちだ。

法然《ほうねん》（浄土宗）、親鸞（浄土真宗）、栄西《えいさい》（臨済宗《りんざいしゅう》）、道元《どうげん》（曹洞宗《そうとうしゅう》）、日蓮《にちれん》（日蓮宗）らである。彼らは皆、比叡山《ひえいざん》に学び、万民救済を目的とした誰にでもわかる仏教を説いたため、民衆の心をつかむのに時間はかからなかった。そのなかで親鸞は、法然の弟子として「専修念仏《せんじゅねんぶつ》」の教えを学び、それをさらに深めて「絶対他力《たりき》」の思想に到達したのである。

親鸞は幼くして得度《とくど》し、比叡山で二十年におよぶ修行を続けた。しかし、いかなる難行苦行《なんぎようくぎよう》でも煩悩《ぼんのう》を克服することはできないことを知る。そこで比叡山をおりて、専修念仏を説き京都の人々の信仰を集めていた法然の門を叩いた。

法然の教えに絶対の信頼を寄せた親鸞は、「たとえ戒律《かいりつ》が守れなくても阿弥陀《あみだ》仏《ぶつ》が救ってくれる」という法然の教えを徹底するべく、肉食妻帯《にくじきさいたい》の道を選び、当時の仏教界では異端と見なされた。越後に流されながらも〝非僧非俗《ひそうひぞく》〟の立場で、「阿弥陀仏を信じ感謝する心があれば、老若男女、貴賤《きせん》の区別なく誰でも浄土往生が約束される」と説いた。

親鸞自身が民衆と同じ立場になって説く明解な教えは、流罪赦免《るざいしやめん》後の布教の地である関東において圧倒的な支持を得た。

そして晩年、親鸞は京都に戻り、著述活動に多くの時間を使うとともに、関東に残した門弟《もんてい》たちへの手紙での指導に明け暮れた。

親鸞没後、浄土真宗は衰退する。それを立て直したのが中興の祖といわれる蓮《れん》如《によ》である。

蓮如は親鸞の教えに立ち返り、各地を布教してまわって門徒たちと膝を交えて接した。それが奏功し、浄土真宗は日本一の大教団へと発展を遂げた。

Q1

親鸞が生まれた頃の「末法の世」って、どんな時代？

宗祖・親鸞

「末法《まっぽう》」というのは仏教による歴史観のひとつだ。仏教では釈迦《しゃか》の入滅《にゅうめつ》後を、正《しょう》法《ぼう》・像法《ぞうぼう》・末法の三つの時代に分けている。

正法の時代は釈迦の教えがよく保たれ、正しい修行によってさとりが得られる、それが五百年または千年続く。次の千年間が像法の時代で、教えは正しく保たれているが形だけの修行となり、さとりは得られない。そして、教えはあるが、修行する者はいなくなり、さとりを得る者もない末法の時代が一万年続くといわれている。

日本では、天台宗の宗祖・最澄《さいちょう》の著書とされる『末法灯明記《まっぽうとうみょうき》』に、永承《えいしょう》七年（一〇五二）に末法の世を迎えると書かれていることから、平安時代後期から鎌倉時代にかけて末法思想が流行した。平安後期は、上皇が政治の実権を握る院政の時代である。白河《しらかわ》・鳥羽《とば》・後白河《ごしらかわ》の三上皇が続いて院政を敷き、専制政治を行った。彼らは出家して「法皇《ほうおう》」と称し、さかんに高野山や熊野へ参詣したため多くの費用がかかった。また、私財を朝廷に寄付したり造宮・造寺を行って官位を授かったり、国司が任期満了にあたり財貨を納入してさらに任期を重ねたり、政治は腐敗しきっていた。

一方で、かつて国家鎮護《ちんご》を祈った奈良・興福寺《こうふくじ》や比叡山延暦寺《ひえいざんえんりやくじ》は僧兵を組織して権力を張り合い、人々に「南都北嶺《なんとほくれい》」と呼ばれ恐れられていた。興福寺は春日《かすが》大社の神木を、延暦寺は日吉《ひよし》大社の神輿《しんよ》を担いで神威のもとに朝廷に要求を通そうとした。これに対し、上皇は院内に北面《ほくめん》の武士を配備した。

院と天皇の確執、朝廷に取り入ろうとする貴族同士の争い、そして武士同士の源平の争乱、そのうえ飢饉《ききん》と疫病《えきびよう》で、京の街は餓死者や病死者があふれていた。まさに末法の世である。そうした社会不安の中、親鸞は約八百四十年前の承安《じようあん》三年（一一七三）に生まれた。

その二年後、民衆の救済のために比叡山をおり、念仏をとなえるだけで極楽《ごくらく》浄土に救われると説いたのが浄土宗の宗祖・法然《ほうねん》（一一三三〜一二一二）だ。そして、親鸞はのちに法然の弟子となり、さらに浄土真宗の宗祖と呼ばれるようになるのである。

Q2 親鸞は貴族、藤原北家の末裔!? どうして出家したの?

宗祖・親鸞

親鸞のひ孫にあたる覚如《かくにょ》（本願寺三代）が制作した伝記『親鸞聖人伝絵《しんらんしょうにんでんね》』によると、親鸞の父は藤原北家《ほっけ》に連なる貴族の出身で、皇太后宮大進《こうたいごうぐうだいしん》という官職を務めた日《ひ》野有範《のありのり》と記されている。母についてはふれられておらず、親鸞が八歳のときに死別したと伝わるが明らかではない。また、真宗高田派《しんしゅうたかだは》に伝わる『親鸞聖人正統伝《せいとうでん》』によれば、「武家の棟梁」といわれた源 義家《みなもとのよしいえ》の孫娘にあたる吉光女《きっこうにょ》とされる。

藤原氏の祖先は、天智《てんじ》天皇を補佐して大化の改新を行った藤原 鎌足《ふじわらのかまたり》である。藤原四家のひとつである北家は平安中期、藤原道長《みちなが》・頼通《よりみち》父子が皇室と姻戚関係を結んで摂関政治を行い、藤原氏全盛期を築いた。ちなみに、頼通が末法元年にあたる永承《えいしょう》七年（一〇五二）に宇治の別荘を寺院とし、極楽浄土さながらに阿弥陀堂《あみだどう》を創建した平等院鳳凰堂《ほうおうどう》（京都府宇治市）がよく知られている。

藤原氏の子孫である資業《すけなり》が「日野」と姓を改め、代々所領としていた日野（京都市伏見区）の氏寺《うじでら》に薬師堂を建立したのが永承六年（一〇五一）のこと。その後、阿弥陀堂も建てた。現在、法界寺《ほうかいじ》（別名・日野薬師）と呼ばれる真言宗醍醐《だいご》派の寺院だ。現存する阿弥陀堂は鎌倉初期の建築だが藤原時代の建築様式で、阿弥陀如来《にょらい》坐像とともに国宝に指定されている。この阿弥陀如来坐像は親鸞の幼年時代、朝夕に礼拝《らいはい》した念持仏であったとも伝えられている。

江戸中期にこの日野の里が西本願寺（浄土真宗本願寺派）により親鸞誕生の地と顕彰され、法界寺の一角を譲り受けて有範堂が建立された。明治に日野別堂と改称されたのち、昭和になって本堂が完成して日野誕生院となった。

さて、日野家は儒学や歌道によって朝廷に仕えた家柄だが、親鸞の父・有範の皇太后宮大進という役職は後白河院の中宮に仕えた当時の官職で第三等官にあたる。有範が出世できずに若くして三室戸《みむろど》に隠遁《いんとん》したのは、朝廷や源平の対立に巻き込まれてのことと思われる。三室戸寺（京都府宇治市・本山修験宗《ほんざんしゅげんしゅう》）には有範の墓所がある。

親鸞が出家したのは九歳である。治承《じしょう》五年（一一八一）の春、親鸞は父の長兄の範綱《のりつな》に付き添われて、京都東山の青蓮院《しょうれんいん》で慈円《じえん》を戒師として得度《とくど》した。

親鸞には四人の弟がいたがいずれも出家している。父の生没年は不詳だが、三男の兼有《けんう》が父の中陰《ちゅういん》（死亡から四十九日間）中に写経した書が残ることから、子供たちを出家させたのちも長く生存していたようだ。

父が存命であるのになぜ、親鸞は九歳で出家しなければならなかったのか。

父有範の失脚は、親鸞が出家する前年、後白河院の第二皇子《みこ》の以仁王《もちひとおう》が公家の摂津《せっつ》源氏頼政《よりまさ》と謀り、諸国の源氏に平家打倒の令旨《りょうじ》を下し挙兵したことと関わりがあるといわれている。父の次兄の宗業《むねなり》は以仁王の侍講《じこう》（学問を講じる官職）であったため、平氏が討ち取った以仁王の首実検《くびじつけん》（討ち取った首を検分すること）をさせられた。父の長兄の範綱も後白河院に仕えて若狭守《わかさのかみ》となっていたが、治承元年（一一七七）の後白河院が平氏打倒を計画したとされる鹿ケ谷《ししがたに》事件の際、院に近い人物として叱責を受けたという。親鸞兄弟が源氏の流れをくんでいるのであれば、範綱は貴族政権から武家政権に変わる激動の時代を実感し、「平氏全盛の今、公家としての栄達は望めない」と考え、僧侶として清く生きるよう親鸞らを出家させたのだろう。

● 親鸞の系図

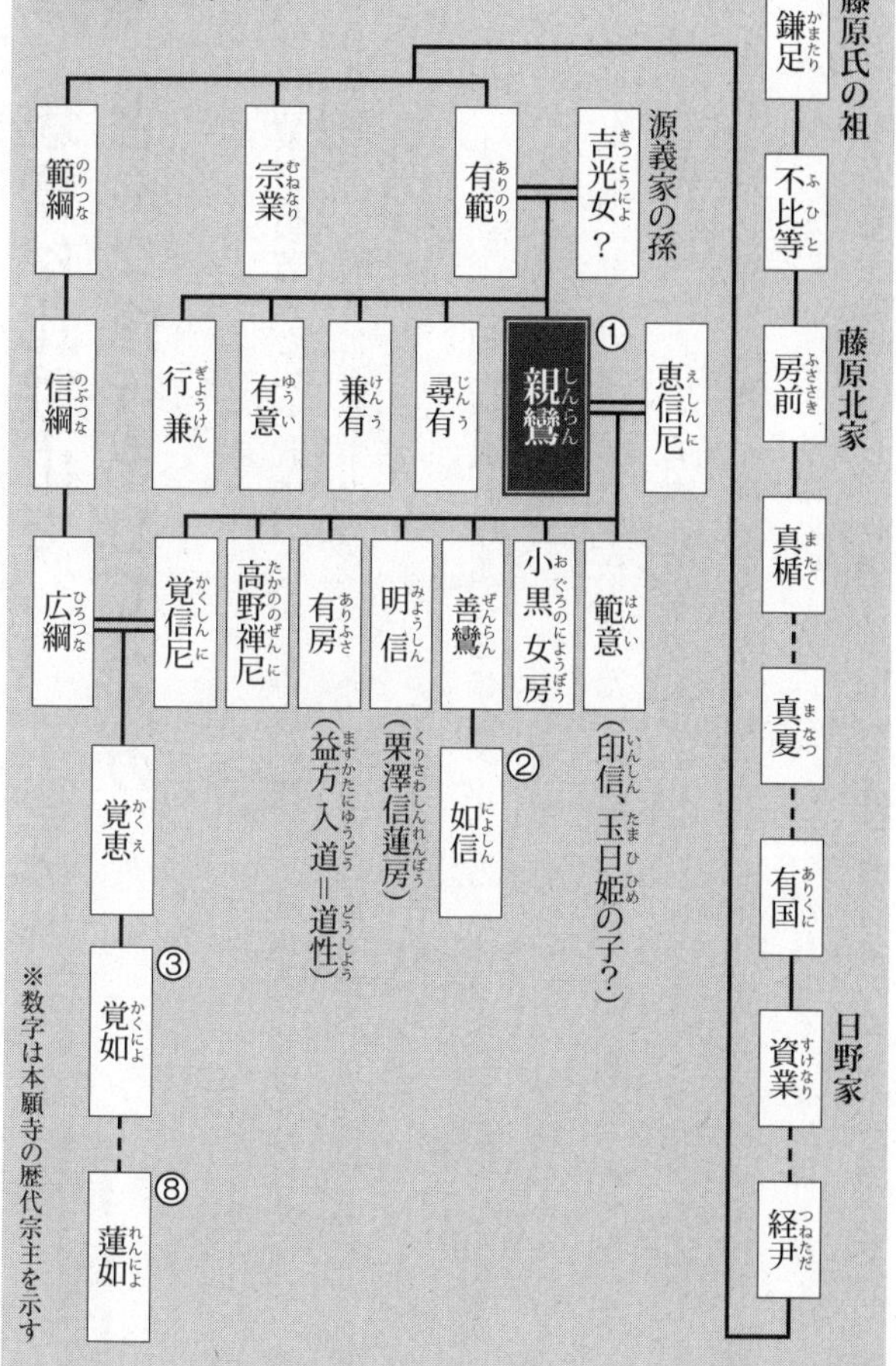
藤原氏の祖
鎌足《かまたり》
不比等《ふひと》
藤原北家
房前《ふささき》
真楯《またて》
真夏《まなつ》
有国《ありくに》
日野家
資業《すけなり》
経尹《つねただ》
範綱《のりつな》
宗業《むねなり》
有範《ありのり》
源義家の孫
吉光女《きっこうにょ》？
信綱《のぶつな》
行兼《ぎょうけん》
有意《ゆうい》
兼有《けんう》
尋有《じんう》
① 親鸞《しんらん》
恵信尼《えしんに》
広綱《ひろつな》
覚信尼《かくしんに》
高野禅尼《たかののぜんに》
有房《ありふさ》（益方入道《ますかたにゅうどう》＝道性《どうしょう》）
明信《みょうしん》（栗澤信蓮房《くりさわしんれんぼう》）
善鸞《ぜんらん》
小黒女房《おぐろのにょうぼう》
範意《はんい》（印信《いんしん》、玉日姫《たまひひめ》の子？）
② 如信《にょしん》
覚恵《かくえ》
③ 覚如《かくにょ》
⑧ 蓮如《れんにょ》
※数字は本願寺の歴代宗主を示す

Q3

親鸞は比叡山でどんな修行をしていたの？

宗祖・親鸞

親鸞は幼名を松若丸《まつわかまる》といわれていたが、得度に際して範宴《はんねん》という名を授かった。戒師である慈円《じえん》は、のちに天台宗の最高位である座主《ざす》を四度も務めた高僧である。親鸞はしばらく青蓮院《しょうれんいん》で過ごしてから、慈円とともに比叡山にのぼった。

その後二十年間、比叡山で修行することになるが、どのような修行をしていたかはわかっていない。大正十年（一九二一）に西本願寺で見つかった、親鸞の妻である恵《え》信尼《しんに》直筆の手紙『恵信尼文書《もんじょ》』に堂僧《どうそう》だったとあるのが唯一の史料とされている。

当時の比叡山は、仏教はもちろんだが最先端の知識を学べる総合大学的な存在だった。しかし世俗の権力と結びつき、勢力争いが日常化して堕落していた。入門した僧侶は、学生《がくしょう》（学僧）、堂僧、堂衆《どうしゅ》という位に分けられて修行する。学生はエリートコースで公家出身者が占めており、堂僧は山内の諸堂で修行する役僧《やくそう》、堂衆は諸堂の雑《ぞう》役《やく》をする下級僧侶である。

失脚したとはいっても公家出身である親鸞は当初は学生だったと思われるが、世俗化が進み修行より出世を優先する比叡山の現実を知り、自身の煩悩《ぼんのう》の克服のために堂僧となって修行に明け暮れる道を選んだのだろう。

比叡山は東塔《とうどう》・西塔《さいとう》・横川《よかわ》の三地区に分かれ、それぞれに常行三昧堂《じょうぎょうざんまいどう》という修行堂があった。師の慈円は横川の検校《けんぎょう》（監督職）を務めていたことから、親鸞も横川の常行三昧堂で修行に没頭したと思われる。

横川は天台宗三代座主の慈覚大師円仁《じかくだいしえんにん》が開いた修行の地だ。円仁は中国から常行三昧の修行法を伝えた高僧である。また、横川では『往生要集《おうじょうようしゅう》』を著した日本浄土教の祖といわれる恵心僧都源信《えしんそうずげんしん》も修行している。

常行三昧とは、阿弥陀仏の救いを受けるために、阿弥陀如来像のまわりを回りながら、口で念仏をとなえ、心で阿弥陀仏をひたすら念じつづけるという修行法だ。

親鸞もさとりに至るという目標のために、長期間にわたり常行三昧の修行を続けていたのではないだろうか。

Q4

親鸞は聖徳太子から夢告を三度受けている!?

宗祖・親鸞

聖徳太子は日本仏教興隆の祖であり、在家仏教の実践者として知られる。聖徳太子を観音菩薩《かんのんぼさつ》の化身《けしん》とする太子信仰は古くから続いており、聖徳太子像をまつる太子堂のあるお寺も多い。出家当初から聖徳太子を篤《あつ》く敬《うやま》っていた親鸞は、太子から生涯に三度の夢告《むこく》を受けたといわれている。

比叡山で厳しい修行に明け暮れる親鸞だったが、いくら修行に没頭しようとしても睡眠欲や性欲、怠け心などの煩悩《ぼんのう》をふるい落とすことができずに思い悩んでいた。十九歳になった親鸞は、出家から十年の区切りとして聖徳太子の磯長廟《しながびょう》(大阪府南河内《かわち》郡太子町)を訪ね、三日間参籠《さんろう》した。この第二夜目の午前二時頃に聖徳太子が現れて、「汝《なんじ》の命は十年余りである。そしてすみやかに清き世界に入るだろう」という夢告を受けるのである。親鸞は残された十年でさとりを得るべく、なお一層厳しい修行に励んだ。

それから十年後の二十九歳のとき、比叡山で修行中だった親鸞は、目の前に聖徳太子の本地《ほんじ》とされる如意輪観音《にょいりんかんのん》が現れて、

「汝の願いがかなうときが近づいた」

と告げられた。つまり、一度目の夢告の余命十年とは、新たな人生のために生まれ変わるということだったのだ。二度目の夢告を機に親鸞は比叡山をおりる。そして、聖徳太子創建と伝わる京都の六角堂に赴《おもむ》き、百日間参籠した。九十五日目の明け方、親鸞は救世観音《くせかんのん》の姿で現れた聖徳太子から三度目の夢告を受ける。

「もし汝が因縁によって女性と交わりたいと思うなら、私が妻になってあげよう。そして臨終を迎えるときには浄土に導こう」

親鸞はこの夢告によって、人間の煩悩はいくら戒律で縛っても捨て去ることはできないものであり、仏の導きによってしか浄土に往生することはできないことを確信した。またそのとき、京都東山《ひがしやま》の吉水《よしみず》の地で専修念仏《せんじゆねんぶつ》を説き、多くの人々の信仰を集めていた法然の教えに通じるものを感じたのではないだろうか。

Q5 親鸞はなぜ、法然の弟子になったの？

建仁《けんにん》元年（一二〇一）、親鸞は法然の弟子となる。

法然は、その二十六年前の承安《じょうあん》五年（一一七五）、善導《ぜんどう》（中国浄土教の高僧）の著書の一文に感動し、比叡山をおりて吉水《よしみず》の地に草庵《そうあん》を結んで「一心に〝南無阿弥陀仏《なも(む)あみだぶつ》〟ととなえれば、誰もが極楽往生できる」という専修念仏《せんじゅねんぶつ》の教えを説いていた。親鸞が法然のもとを訪ねた頃は、後白河院や関白《かんぱく》の九条兼実《くじょうかねざね》など天皇家や公家から武士、そして一般の人々に至るまで、法然の教えは受け入れられていた。

しかし一方で、比叡山や奈良の興福寺などの既成仏教側は、法然教団の隆盛に危機感を持ち弾圧を強めていた。法然の専修念仏の教えは、難行苦行《なんぎょうくぎょう》が必要と考える既成仏教側には害毒以外の何ものでもなかったのである。

もちろん、親鸞もそれを知らないわけはない。それでも親鸞は、吉水の草庵に百日間通いつづけて法然の教えを深く聴き取ろうとした。親鸞自身も二十年の長きにわたる常行三昧《じょうぎょうざんまい》の修行によって念仏者としての素養を育んでおり、法然の教えに通じるところを感じたのだろう。そして法然の教えこそ誰もが救われる唯一の道であるという確信を得たのちに入門を願い出たのである。入門と同時に、名前もそれまでの範宴《はんねん》から綽空《しゃっくう》に改めた。これは中国浄土教の高僧「道綽《どうしゃく》」と、法然の法名《ほうみょう》「源空《げんくう》」から一字ずつを取っている。

法然の吉水草庵跡とされる安養寺《あんようじ》（京都市）。現在は時宗《じしゅう》のお寺となっている（写真提供・安養寺）

法然の教えに絶対の信頼を寄せた親鸞は研鑽を積み、入門からわずか四年後には法然の著書である『選択本願念仏集《せんじゃくほんがんねんぶつしゅう》』（選択集《せんじゃくしゅう》）の書写を許された。また、法然の肖像画を写すことも許されたといわれる。これはごく一部の弟子にしか許されない栄誉だった。

Q6 念仏をとなえるのが大事か、念仏を信じるのが大事か？

法然と親鸞

親鸞が法然門下の中でもいかに法然の教えを深く理解していたかがわかるいくつかのエピソードがある。

法然の専修念仏《せんじゆねんぶつ》の教えは、「ひたすら念仏をとなえれば、誰もが阿弥陀仏に救われ、極楽浄土に往生できる」という一点に尽きる。とてもシンプルでわかりやすいが、じつは「信心《しんじん》」について知っていなければ深い理解が得られない。

信心とは、阿弥陀仏の救いを疑いなく信じ、すべてをゆだねる心のこと。つまり、信心は自分から信じるだけではなく、阿弥陀仏から授かる心である。その信心がわかってこその念仏であるというわけだ。

しかし法然は、信心について理解できない人に対しても、「まずはひたすら念仏をとなえることが大切ですよ」と教えた。

ある日、親鸞は法然の許可を得て三百人余りの同門たちに質問を投げかけた。「信《しん》不《ふ》退《たい》（阿弥陀仏から授かった信心により浄土往生できるという考え）と、行《ぎょう》不《ふ》退《たい》（自分がとなえた念仏の功徳《くどく》によって浄土往生できるという考え）のどちらが正しいか」という質問だった。

ほとんどの弟子たちは「行不退」を選び、親鸞と数名の弟子だけが「信不退」を選んだ。そして最後に法然は「信不退」を選んだ。多くの弟子たちは、念仏をとなえることを大切な修行と考えるあまり、阿弥陀仏の救いを信じきれていなかったのである。

また、こんなこともあった。多くの弟子たちが、「一回の念仏でも浄土往生できる」とか「念仏は数多くとなえるほうがよい」などと念仏の回数について議論していた。しかし親鸞は「信心さえあれば念仏の回数は関係ない」といい、もちろん法然も同じ考えだった。

法然は、念仏について「一回しかとなえられない人は一回でいい。何回もとなえられる人は何回もとなえればいい」と、要は信心の問題であり、回数にこだわるのは本末転倒であることを教えた。

法然と親鸞

Q7 親鸞の「他力」の教えって、どういうもの？

親鸞の教えの根本となるのが「他力本願」という考えだ。

他力というと「他人の力をあてにする」とか「人まかせ」という意味でとらえられがちだがそうではない。仏教でいう「他力」は他人の力ではなく、仏の力であり、「自力」といえば、自分の力で善行《ぜんぎょう》を積んでさとりを得ようとすることだ。そして親鸞がいうところの他力とは〝阿弥陀仏が人々を救おうとする力＝本願力《ほんがんりき》〟のことである。

親鸞の師である法然は、「自力で善行が積めない凡夫《ぼんぶ》であっても、阿弥陀仏の慈悲により浄土往生できる」と考え、「阿弥陀仏の救いを信じて念仏をとなえるだけでよい」という他力の教えを説いた。

親鸞は、法然の他力の教えをさらに探求していく。なぜなら、念仏をとなえることさえも自力のはからいではないかと考えたからだ。

親鸞の思想が書かれた『歎異抄《たんにしょう》』第八条に「(念仏は)ひとへ《え》に他力にして自力をはなれたるゆゑ《え》に、行者《ぎょうじゃ》のためには非行《ひぎょう》・非善《ひぜん》なり」とある。親鸞は「念仏というのは、自らとなえるものではなく、自ら善行を積むものでもない。それはひとえに阿弥陀仏の本願力によるのであり、自力を離れたものである」というのである。

そして第十一条には「あらゆる人々を救いたいという阿弥陀仏の本願は、となえやすいように念仏を与え、念仏をとなえる者すべてを浄土へ往生させようという約束である。阿弥陀仏の大慈悲による本願力に助けられて往生できると信じ、念仏をとなえるのも阿弥陀仏の本願力によると思えば、少しも自らのはからいがまじらないがゆえに、本願力によって浄土へ往生する」旨が書かれている。

これは、阿弥陀仏の本願力について述べたもので、くわしくは第2章で解説するが、親鸞が最重視したお経である『無量寿経《むりようじゆきよう》』に説かれていることと同じだ。

親鸞は「念仏をとなえられるのも、すべてを他力にゆだねる心(=信心)を阿弥陀仏よりいただいているからこそ」という独自の考えに至ったのである。これを法然の「他力」に対して「絶対他力」と呼ぶこともある。

Q8

親鸞が結婚していたってホント？

宗祖の生涯

親鸞の妻子については諸説あるが、恵信尼《えしんに》という女性と結婚し、何人かの子をもうけたことは事実とされている。

当時の僧侶は、仏弟子《ぶつでし》としての戒律を厳格に守ることが当然とされていた。殺生《せっしょう》となる肉食《にくじき》や、女犯《にょぼん》となる妻帯《さいたい》は禁じられており、それらの戒律を破ると破戒僧となり、僧籍を剥奪されるなどの罰を受けた。しかし実際のところは、〝袈裟《けさ》を外せば問題なし〟といって貴族の接待を受けて飲酒《おんじゅ》・肉食をしたり、ひそかに女性を囲ったり、男色《なんしょく》の僧侶もかなりいたともいわれている。

親鸞は、そうした建前だけの仏教がどうしても許せず、たとえ戒律が守れなくても阿弥陀仏が救ってくれるという法然の教えを徹底する道を選んで妻帯したのだ。法然は「ひとりでいて念仏をとなえられないなら妻帯すればよい。妻帯が念仏の妨げになるなら妻帯しなければよい」と教えていた。

恵信尼は越後の豪族・三善《みよし》氏の娘であるという説が有力視されているが、親鸞は比叡山をおりた二十九歳のときに結婚し、一児をもうけたともいわれている。

一説によると、前関白の九条兼実《くじようかねざね》は法然の教えに深く感じ入り、それを広く世に示し後世に伝えるために、娘の玉日姫《たまひひめ》と法然の弟子を結婚させたいと申し出た。そこで親鸞に白羽の矢が立てられたというわけだ。そして親鸞と玉日姫の間に授かった男児が範意《はんい》（印信《いんしん》）という。ところが、それから七年目の建永《けんえい》二年（一二〇七）に親鸞は越後流罪となる。玉日姫はその事件によって傷心のために病死。その後、九条家に仕えていた三善為教《ためのり》の娘で、玉日姫の侍女であった恵信尼と再婚し、ともに配流《はいるち》地の越後で暮らしたという。

また、玉日姫と恵信尼は同一人物で、恵信尼と名のって親鸞に同行し、越後に行ったという説もある。

親鸞は京都で結婚していたかはともかく、配流地の越後に行ってからは恵信尼とともに暮らしていたようである。

Q9

親鸞はなぜ、越後へ流されたの？

宗祖の生涯

法然が説く専修念仏《せんじゅねんぶつ》の教えは人々を魅了し、これまでの自力の教えを説く既成教団から法然の念仏教団へ移っていく公家や武士が増えていった。既成教団の立場は危ぶまれつつあり、それに危機感を持った彼らは法然教団にたび重なる弾圧を加えた。

親鸞が入門して四年目の元久《げんきゅう》元年（一二〇四）には、比叡山衆徒が朝廷に法然教団の解散と専修念仏の停止《ちょうじ》を求めた。そのとき法然は「七箇条制誡《しちかじょうせいかい》」という弟子たちへの自戒を促す文書を書いて比叡山の非難を回避した。綽空《しゃっくう》の名で親鸞の署名もある。

翌年には、朝廷を支える有力な寺院である奈良の興福寺《こうふくじ》が、「興福寺奏状《そうじょう》」（訴状）を提出して念仏停止を求めた。それでも、朝廷の中にも法然の信者がいて、念仏停止には至らなかった。

ところが建永《けんえい》元年（一二〇六）、法然教団に制裁が加えられる決定的事件が起きる。

● 念仏禁止令により処罰された僧たち

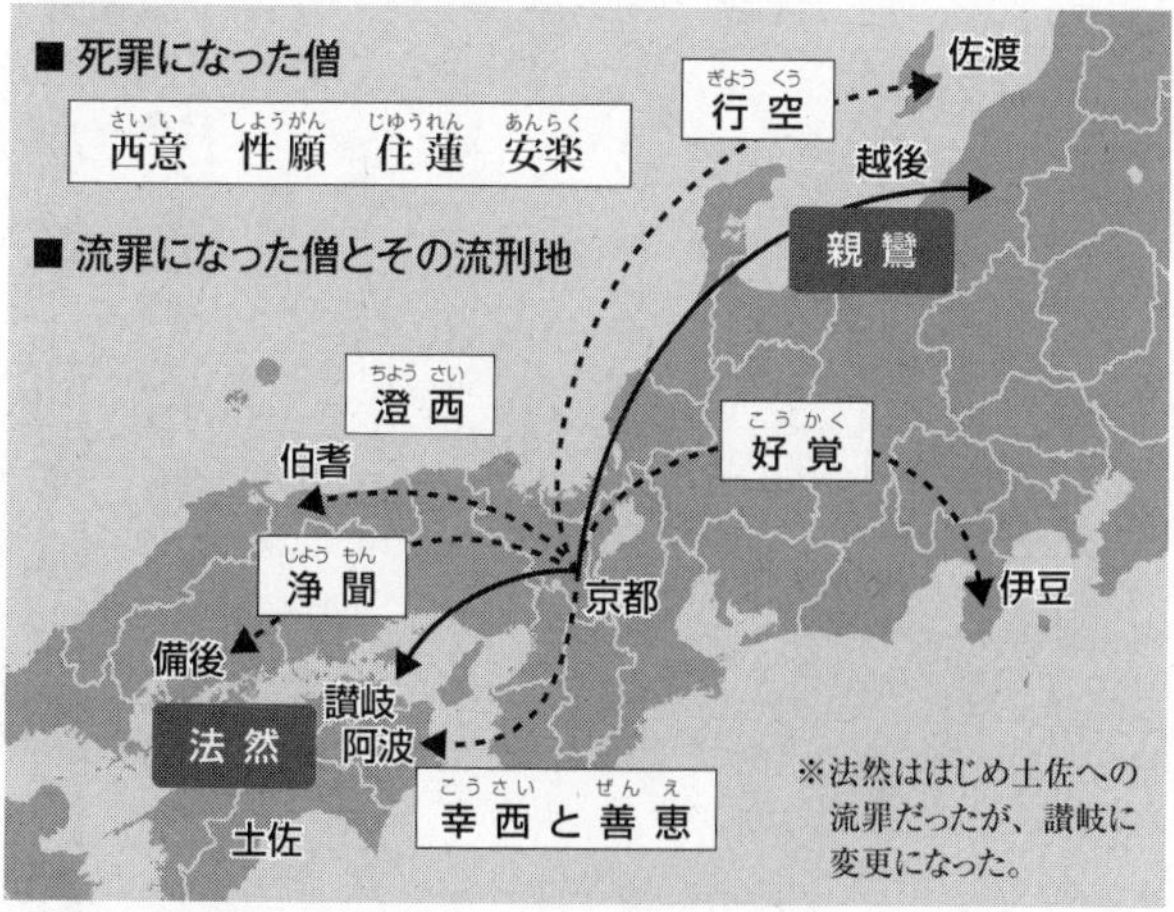

後鳥羽院に仕える松虫《まつむし》と鈴虫《すずむし》という女官二人が、上皇の留守中に法然の弟子の安楽《あんらく》と住蓮《じゅうれん》らが催した法要に参加して出家してしまったのだ。それを知った上皇は烈火の如く怒り、翌年（一二〇七）二月、念仏禁止令を出した。さらに安楽、住蓮ら法然の弟子四人が死罪に、法然、親鸞を含めて八人が流罪となった（「承元の法難」）。

法然は僧籍を剥奪され、藤井元彦《ふじいもとひこ》という俗名《ぞくみょう》に変えられて四国へ、同じく親鸞も藤井善信《よしざね》という俗名で越後へ流され、二人は生涯再会することはなかった。

Q10 なぜ、親鸞は京都に帰らず、関東で布教したの？

宗祖の生涯

越後の国府《こくふ》（新潟県上越市）に流された親鸞は、そのとき三十五歳だった。前述のとおり、流人生活は妻恵信尼《えしんに》とともに過ごした。

親鸞はここで「愚禿釈親鸞《ぐとくしやくしんらん》」と名のり、それを生涯の名前としている。禿とは破戒僧の意味。僧籍を剝奪されたのだから僧ではないものの、仏教の求道者《ぐどう》として俗人でもない。その気持ちを込めて自らを「愚かな破戒僧＝愚禿」と呼び、〝非僧非俗《ひそうひぞく》〟の立場で念仏の教えを深める決意を表した。親鸞という名は、インドの浄土教の祖である「天親《てんじん》」と中国浄土教の高僧「曇鸞《どんらん》」から一文字ずつ取ったといわれている。

じつは、親鸞の越後での暮らしぶりはよくわかっていない。おそらく、流人の身で布教活動はできなかったことだろうから、時間をかけて法然の専修念仏の教えを思索したのではないだろうか。

　建暦《けんりゃく》元年（一二一一）十一月、法然と親鸞は流罪を赦《ゆる》された。しかし親鸞はすぐに法然のもとへ戻らなかった。この年の春、三男となる明信《みょうしん》が生まれていたこともあり、幼子をかかえてすぐに京都へは旅立てなかったと思われる。

　ところが翌年の正月、京都で法然が八十歳で亡くなってしまい、親鸞は京都に帰る理由がなくなった。それから三年ほど親鸞は越後にとどまり、布教活動を行ったようで周辺にはゆかりの寺院も多い。

西本願寺国府別院（新潟県上越市）。親鸞が越後入りして１年後に移り住んだ竹ヶ前《たけがはな》草庵のあった地（写真提供・国府別院）

　そして建保《けんぽう》二年（一二一四）、四十二歳になった親鸞は家族をともなって関東へ布教の旅に出る。布教の地として関東を選んだ理由は、ひとつには関東全域にはまだ念仏の教えがひろまっていなかったこと、鎌倉幕府が開かれてまもなく関東が新興地域であったことがあげられる。また、恵信尼の実家とされる三善氏の所領が常陸国《ひたちのくに》（茨城県北東部）にあったからとも伝えられる。

Q11 親鸞は関東布教でどんな足跡を残したのか？

宗祖の生涯

越後を旅立った親鸞がまず訪れたのは信濃《しなの》の善光寺《ぜんこうじ》（長野市）だった。善光寺は当時から阿弥陀信仰の聖地として知られており、越後からも近いことから、親鸞は流罪中から善光寺の念仏者と親交があったともいわれている。

それから常陸国《ひたちのくに》に向かう途中、上野国《こうずけのくに》の佐貫《さぬき》（群馬県邑楽《おうら》郡板倉町）にしばらく滞在した。『恵信尼文書《えしんにもんじょ》』によると、ここで親鸞はこんなエピソードを残している。

その頃の佐貫は、利根川の氾濫によって被害を受ける人が多かった。そこで親鸞は、浄土三部経（74ページ参照）を千回読誦《どくじゆ》して人々を苦しみから救おうと思い立った。読誦とは経文《きようもん》を声に出してとなえることだ。何日か読誦を続けていた親鸞だが、これは阿弥陀仏の救いがあることを信じない行為であり、他力念仏を教えひろめている自分にはふさわしくないことに気づき中止した。このように親鸞は、自力への迷いを断ち切るのはいかに難しいことであるかを実感した。

佐貫を後にした親鸞が最初の居住地としたのが常陸国の小島《おじま》（茨城県下妻《しもつま》市）だといわれる。ここに草庵を結んで三年ほど過ごした。小島の草庵の近隣にある光明寺《こうみようじ》は、親鸞の弟子となった明空《みようくう》が開いた念仏道場が始まりとされる。

その後、親鸞を関東へ招いたとされる宇都宮頼綱の一族と伝わる稲田《いなだ》九郎頼重の領地、稲田（茨城県笠間《かさま》市）に居を移す。この稲田の草庵を拠点に、親鸞は約二十年にわたり関東一円を布教して歩いた。稲田の草庵跡は現在、西念寺《さいねんじ》となっている。

稲田禅房西念寺山門（茨城県笠間市）。親鸞はこの地で主著となる『教行信証《きようぎようしんしよう》』を書きすすめたといわれる。また、西念寺には親鸞の廟所《びようしよ》がある（写真提供・西念寺）

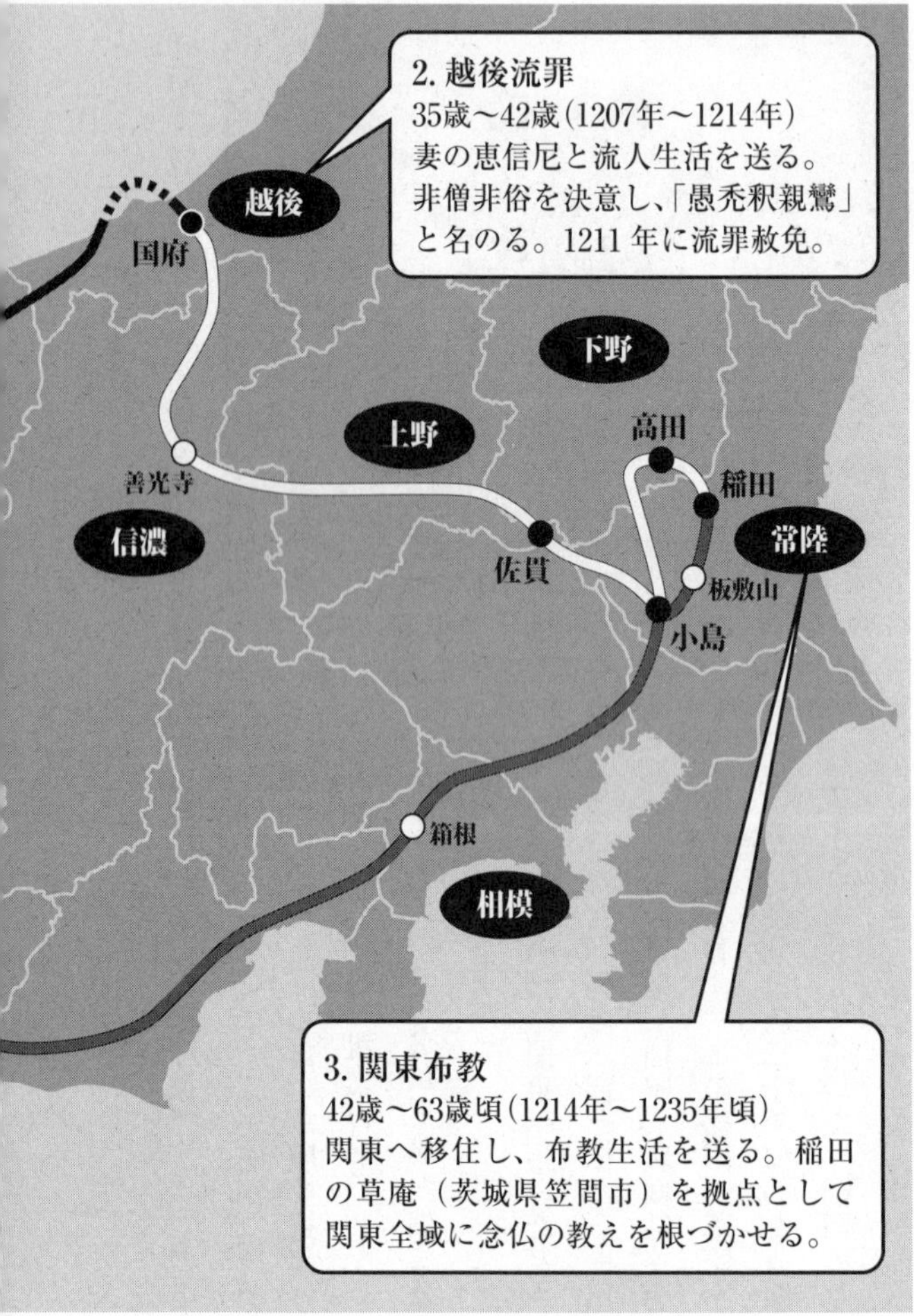
2. 越後流罪
35歳〜42歳(1207年〜1214年)
妻の恵信尼と流人生活を送る。
非僧非俗を決意し、「愚禿釈親鸞」
と名のる。1211 年に流罪赦免。
越後
国府
下野
上野
高田
稲田
善光寺
信濃
佐貫
常陸
板敷山
小島
箱根
相模
3. 関東布教
42歳〜63歳頃(1214年〜1235年頃)
関東へ移住し、布教生活を送る。稲田
の草庵（茨城県笠間市）を拠点として
関東全域に念仏の教えを根づかせる。

● 親鸞の足跡（1173年～1263年）
越後配流ルート
関東布教ルート
帰洛ルート
1. 誕生～法然との出会い
1歳～35歳（1173年～1207年）
9 歳で得度し、20 年間比叡山で修行するも、自力修行ではさとりを得られないことに気づき下山。29 歳で法然に出会い、弟子となる。
京都
比叡山
日野
4. 晩年～往生
63歳頃～90歳（1235年頃～1263年）
京都へ帰り、著作活動に取り組む。最晩年まで、関東から訪ねてくる門弟たちへの対応や手紙のやり取りを続ける。

Q12

親鸞がつくった御田植歌とは？

宗祖の生涯

親鸞は念仏の教えを聞きに来る人々を「御同朋《おんどうぼう》」「御同行《おんどうぎょう》」と呼び、誰とでも平等に膝を交えて語り合ったといわれている。そうした親しみやすい親鸞を物語るエピソードがある。

建保《けんぽう》六年（一二一八）春のこと、親鸞は大部郷《おおぶごう》（茨城県水戸市飯富《いいとみ》町）の平太郎という信仰の篤《あつ》い念仏者に招かれてその地を訪れた。そこには無住の天台宗蓮華王院《れんげおういん》という寺院があり、親鸞は百日間逗留して念仏の教えを説くことになった。

招かれた当初、説法を聞きに来る人はまったく集まらなかった。それはちょうど田植えの季節で、農民たちは黙々と田植えをしていたからだ。それに気づいた親鸞は、自ら田に入っていき、田植えを手伝いながら歌い出した。

「五劫思惟《ごこうしゆい》の苗代《なわしろ》に　兆載永劫《ちょうざいようごう》の代《しろ》をして　一念帰命《いちねんきみょう》の種おろし

自力雑行《じりきぞうぎょう》の草をとり　念々相続《ねんねんそうぞく》の水流し　往生の秋になりぬれば
この実とるこそうれしけれ　南無阿弥陀仏　南無阿弥陀仏」

農民たちははじめ戸惑いを見せていたが、親鸞が歌に込めてやさしく教える念仏の心が次第にわかり、皆で声をそろえて歌い出したという。

以来、蓮華王院は念仏道場として農民たちが集った。現在は真佛寺《しんぶつじ》となっている。

寺宝として、親鸞直筆の御田植歌名号《おたうえうたみょうごう》、親鸞自刻の阿弥陀如来木像などがあり、境内には親鸞手植えと伝わる菩提樹《ぼだいじゅ》がある。また、真佛寺から徒歩十五分の田園の中に「親鸞聖人御田植歌旧跡碑」がある。

田園の中に建つ親鸞聖人御田植歌旧跡碑（水戸市）。記念碑の脇にある副碑には「御田植歌」の由来が刻まれている（写真提供・真佛寺）

宗祖の生涯

Q13 親鸞は山伏と対決して弟子にしてしまった!?

親鸞のわかりやすい教えが常陸国《ひたちのくに》にひろまるのにそれほど時間はかからなかった。親鸞を慕う者の中から有力な門弟が育ち、念仏はさらにひろまった。だが親鸞のまわりに人が集まる一方で、それを面白く思わない者も出てくる。〝山伏弁円《やまぶしべんねん》の回心《かいしん》〟のエピソードもそのひとつだ。

当時、常陸の人々は、病気治癒や災厄《さいやく》を取りはらうなど平安な暮らしを願うときには山伏に加持祈禱《かじきとう》を依頼していた。ところが親鸞の教えがひろまってくると、呪術《じゅじゅつ》や祈禱に頼らずとも、念仏をとなえれば阿弥陀仏の慈悲によって救われるということで、山伏にすがる人が減っていった。

山伏たちは親鸞に恨みを持つようになる。彼らのリーダーである弁円は、親鸞の殺害を計画。親鸞が布教のためによく通っていた板敷山《いたじきやま》で待ち伏せたり、呪い殺そうとしたりするがことごとく失敗に終わる。最後には、弁円は稲田《いなだ》の草庵に乗り込み、親鸞を斬りつけようとした。ところが、親鸞は「阿弥陀様にあずけた命である」とまったく動じない。親鸞の誠実な顔を見た弁円は、たちまち殺意が失《う》せた。そして懺悔《さんげ》し、親鸞の弟子になったという。板敷山の山頂には弁円が親鸞を呪い殺そうと護摩《ごま》を焚《た》いた護摩壇跡が残り、山麓の大覚寺《だいかくじ》（茨城県石岡市）には弁円懺悔の木像がある。

山伏弁円ゆかりの上宮寺（茨城県那珂市）。ここにも弁円（明法）の墓所がある（写真提供・上宮寺）

弁円は、親鸞から明法《みょうほう》という法名《ほうみょう》を授かり、その後は有力な門弟の一人として念仏の布教に邁進した。法専寺《ほうせんじ》（茨城県常陸大宮市東野《とうの》）の近くには明法の墓所があり、明法が開いた念仏道場があったとされる。また、そこから移転した上宮寺《じょうぐうじ》（茨城県那珂《なか》市本米崎《もとこめざき》）には寺宝として、山伏だった頃の法《ほ》螺貝《らがい》や頭巾《ときん》（山伏のかぶりもの）、親鸞の弟子になったときに折った矢などが残っている。

Q14 『歎異抄』の「悪人正機」説って何？なぜ、善人よりも悪人が救われるの？

宗祖の教え

「善人なほもつて往生をとぐ、いはんや悪人をや」

親鸞の「悪人正機《あくにんしょうき》」と呼ばれる教えを示したのが『歎異抄《たんにしょう》』第三条のこの言葉だ。

「善人でさえ往生できるのだから、まして悪人が往生できるのはなおさらのことである」という意味だが、普通なら「悪人でさえ往生できるのだから、善人が往生できるのはなおさらである」といいたくなるところ。だからといって親鸞は悪事をすすめているわけではない。

親鸞がいう悪人とは、どんなに修行しても煩悩を捨てきれない人のこと。つまり、欲張りだったり、怒りやねたみを持っていたり、煩悩まみれの凡夫《ぼんぶ》である。阿弥陀仏がすべての人を救いたいと本願を立てたのは、このような「どんなに頑張っても善行《ぜんぎょう》を積めない人＝悪人」を救いの対象としているのだ。だから、自分はどうしようもない人間だと浄土往生をあきらめる必要はないということである。

一方、善人とは、自力で善行を積んで往生しようとする人であり、阿弥陀仏の本願力を信じ、すがろうとする気持ちのない人のこと。親鸞はそんな人でさえ、自力の限界を知って阿弥陀仏の慈悲を疑いなく信じる気持ちになれば救われると説いた。

ちなみに、『歎異抄』は親鸞の著作ではない。関東布教時代に長く親鸞のそばに仕えていた弟子の唯円《ゆいえん》（一二二二～一二八九）が書いたとされている。唯円は親鸞没後、関東では念仏の教えが誤解されて説かれ、悪人でも救われるのだからと悪事をはたらくような異端者まで現れたことを歎《なげ》き、正しい教えを伝えるために著述した。唯円がじかに聞いた言葉が、親鸞が語りかけるようにそのまま記されている。

なお唯円は、親鸞のひ孫で「本願寺三代」を名のった覚如《かくによ》に教えを授けた人物ともいわれている。

『歎異抄』は、ここで紹介した「悪人正機」のように、教義を理解せずに読むと誤解を生む表現があることから、禁書とされていたこともある。しかし明治以降になり、親鸞の生の言葉が伝わる書として注目を集めるようになった。

Q15 浄土真宗の聖典『教行信証』とは？

宗祖の教え

浄土真宗の根本聖典《せいてん》といわれる『教行信証《きようぎようしんしよう》』は元仁《げんにん》元年（一二二四）、親鸞が五十二歳のときに稲田《いなだ》の草庵で書きはじめたといわれる。浄土真宗では、この年を立教開宗の年としている。この大作は親鸞が七十五歳の頃に書き上げたとされるが、その後生涯をかけて補訂を続けており、未完の書ともいえる。

関東布教から十年を経てようやく生活も落ち着いた親鸞は、それまで自身が探究してきた念仏の教えを整理し、その正しさを立証するために本書を著したのかもしれない。ちなみに『教行信証』を書きはじめたのは末娘の覚信尼《かくしんに》が生まれた年でもある。

本書の正式名は『顕浄土真実教行証文類《けんじようどしんじつきようぎようしようもんるい》』といい、教・行・信・証・真仏土《しんぶつど》・化身土《けしんど》の全六巻からなり、さらに冒頭に総序、末尾に後序がつき、漢文体で書かれている。内容としては、『無量寿経《むりようじゆきよう》』の教えに基づいて阿弥陀仏の本願を説いている

●『教行信証』の構成

総　序	阿弥陀仏の教えの必要性を説く
教　巻	釈迦の説く『無量寿経』に真実の教えがある
行　巻	阿弥陀仏の本願力によって誰もが往生できる
信　巻	信心も阿弥陀仏の本願力によるものである
証　巻	浄土往生できたなら、仏となってこの世に戻って人々を救う
真仏土巻	真実の浄土と仏について説く
化身土巻	仮の浄土と真実の浄土について説く
後　序	阿弥陀仏の教えに出会えた喜びを説く

（上図参照）。さまざまな経典や論書からの引用を整理し、親鸞独自の解釈にまとめている。

行巻の最後に百二十句の偈文《げもん》（仏を讃える詩句）があるが、これは浄土真宗のおつとめで必ず読まれる「正信念仏偈《しょうしんねんぶつげ》」（正信偈《しょうしんげ》）として知られ、『教行信証』の教えの要点が簡潔にまとめられている。内容は、「阿弥陀仏への帰依《きえ》」「阿弥陀仏の本願」「仏陀《ぶつだ》を讃える」「浄土教を伝えた七高僧を讃える」「人々を救ってくれる真実」といった順となっている。

浄土真宗中興の祖として知られる蓮如《れんにょ》は、この「正信偈」と、次項で紹介する「三帖《さんじょう》和讃《わさん》」を印刷して門徒に配布し、日常のおつとめとして拝読するようにすすめた。

宗祖の教え

Q16

「和讃」って何？親鸞がつくった有名なものを教えて

和讃《わさん》とは、和語で仏や高僧を讃える詩歌のこと。形式にとくに決まりはなく、親鸞は七五調の四句を一つの歌として詠《よ》んだ。親鸞はこれを「和《やわら》げ讃《ほ》め」と訓読しているように、漢語が読めない民衆にもわかりやすく、いつでも口ずさみやすいように仕上げている。44ページに紹介した「御田植歌」も和讃である。

親鸞の詠んだ和讃は五百首を超える。それらの多くは『浄土和讃』『高僧和讃』『正像末《しょうぞうまつ》和讃』にまとめられており、その三部を総称して「三帖《さんじょう》和讃」という。

『浄土和讃』は、阿弥陀仏と極楽浄土を讃えた歌集で百十八首からなる。

『高僧和讃』は、インドから中国を経て日本へ浄土教を伝えた浄土七高僧を讃えた歌集で百十七首からなる。

『正像末和讃』は、八十五歳以降の作で、末法の世を歎《なげ》くとともに、だからこそ阿弥陀仏の救いを喜ぶ歌集で百十六首からなる。その中には、聖徳太子の徳を讃えた「皇《こう》太子《たいし》聖徳奉讃《しょうとくほうさん》」「善光寺讃《ぜんこうじさん》」などがある。

「三帖和讃」の中から代表的な歌を紹介しよう。

「十方諸有《じっぽうしょう》の衆生《しゅじょう》は　阿弥陀至徳《あみだしとく》の御名《みな》をきき

真実信心《しんじつしんじん》いたりなば　おほき《お》に所聞《しょもん》を慶喜《きょうき》せん」（『浄土和讃』）

（現代語訳：悩み多き世界に生きる人々が、阿弥陀仏のこのうえない徳をそなえた名号《みょうごう》を聞いて、真実の信心を得たならば、この教えを大いに喜ぶことでしょう）

「弥陀大悲《みだだいひ》の誓願《せいがん》を　ふかく信ぜんひとはみな

ねてもさめてもへだてなく　南無阿弥陀仏《なも(む)あみだぶつ》をとなふ《う》べし」（『正像末和讃』）

（現代語訳：阿弥陀仏の本願を深く信じる人は皆、いかなるときでも「南無阿弥陀仏」と念仏をとなえなさい）

浄土真宗のおつとめでは「正信偈《しょうしんげ》」の後に、「念仏和讃六首引《ろくしゅびき》」といって「三帖和讃」から六首ずつ、毎回順番にとなえるのが基本になっている。和讃は独特の抑揚をつけた節回しで念仏を挟みながら唱和する。

Q17

親鸞はなぜ、後年京都に帰ったの？

宗祖の晩年

文暦《ぶんりやく》二年（一二三五）頃、親鸞は関東での約二十年におよぶ布教生活を終えて京都に帰る。家族をともなっての帰洛《きらく》で、親鸞はすでに六十歳を越えていた。

帰洛の理由については諸説ある。

鎌倉幕府は、その文暦二年に専修念仏《せんじゆねんぶつ》禁止令を出している。すでに七十人以上の門弟を抱える念仏者集団となっていたことから、流罪経験のある親鸞は騒ぎが大きくなる前に無用の摩擦を避けたという説。

また、自身はあくまでも法然の弟子であるという立場をとっており、教団を持つ意志はなかった。阿弥陀仏の救いのもとに誰もが平等であると考えていたからだ。しかし、念仏者集団が大きくなりすぎ、教主としてカリスマ的存在になってしまったことから、それ以上の肥大化を防ぐためという説。

あるいは、主著である『教行信証《きょうぎょうしんしょう》』完成のために資料や経典が豊富な京都で探究を続けたかったという説。

帰洛に際して、法然門下時代から三十年にわたって行動をともにしてきた門弟の性信《しょうしん》が箱根の峠まで見送ったとされている。

親鸞と性信が別れた笈ノ平《おいのたいら》（神奈川県箱根町）。親鸞の歌碑と「別れ石」と呼ばれる石碑がある

「親鸞のいるところ必ず性信あり」といわれた性信は、京都へも同行しようとしたが、親鸞から関東の同朋《どうぼう》を導くようにいわれて残ることになった。箱根での別れに際して、親鸞は『教行信証』の草稿本が入った笈《おい》（荷物を入れて背負う竹製の箱）を性信に授けた。これがのちに坂東本《ばんどうぼん》といわれる親鸞真筆《しんぴつ》（直筆）の『教行信証』（国宝）で、東本願寺（真宗大谷派）が所蔵している。また、そのときの笈は性信ゆかりの坂東報恩寺《ほうおんじ》（東京都台東区）の寺宝となっている。

Q18

宗祖の晩年

親鸞の息子なのに義絶された善鸞事件の真相とは？

京都へ帰った親鸞の暮らしぶりは決して豊かではなく、清貧生活を送りながら執筆に精を出していたようだ。ひ孫の覚如《かくにょ》が制作した『親鸞聖人伝絵《しんらんしょうにんでんね》』によると、帰洛から数年後にようやく五条西洞院《にしのとういん》（京都市下京区）に定住地を見つけたらしい。

親鸞は京都で『教行信証《きょうぎょうしんしょう》』の補訂を続けるとともに、多くの著作を六十歳以降に著している。なかでも和讃《わさん》を多数残している。関東の門弟から頻繁に届く質問に手紙で答えていたが、漢文より理解しやすい和文で書いたり、覚えやすい和讃によって伝えることも多かったのだろう。親鸞が門弟たちに書いた手紙は『末灯鈔《まつとうしょう》』『親鸞聖人御消息《ごしょうそく》』として残っている。

また、関東から親鸞の教えを請うために京都へやってくる門弟もいた。京都で布教活動をしていない親鸞は、そうした関東の門弟たちからの援助に生活を支えられていたようだ。

このように親鸞と門弟たちは交流があったものの、帰洛から二十年も経つと、指導者のいなくなった関東では専修念仏《せんじゅねんぶつ》の教えを曲解する異端者が出てきた。異端者は大きく二方に分かれた。一方は、悪事をはたらいても浄土往生できるという「造悪無碍《ぞうあくむげ》」。もう一方は、念仏を数多くとなえるほうが功徳がある、あるいは念仏だけでなく諸善を行うことが浄土往生の助けになるという「専修賢善《せんじゅけんぜん》」である。

そのうちに異端者たちが念仏者集団内外で問題を起こすようになり、それを聞いた親鸞は、異端者たちを正しく導くため息子の善鸞《ぜんらん》を使者として派遣した。ところが、その善鸞が「専修賢善」の片棒を担いでしまったのだ。そして、「自分は、父親鸞から念仏の奥義をひそかに授かった」と吹聴した。そのため、善鸞を支持する念仏者も多数出てきて、関東の門徒集団は大混乱におちいった。

それを知った親鸞は建長《けんちょう》八年（一二五六）、「私がひそかに善鸞に教えたことなど何ひとつない」と善鸞を義絶《ぎぜつ》（親子の縁を絶つこと）し、関東の念仏者集団の和を守り、また念仏の教えの正統を守った。そのとき、すでに親鸞は八十四歳になっていた。

Q19 親鸞の遺言には何が書かれていた？

宗祖の晩年

親鸞は九十歳で往生するが、そのとき、妻の恵信尼《えしんに》は看取っていない。生家の財産管理などのため、建長《けんちょう》五年（一二五三）頃に故郷の越後に帰ったといわれる。二男二女は恵信尼に付き添い、八十歳を越えた親鸞のもとには、数年後に義絶することになる善鸞《ぜんらん》と末娘の覚信尼《かくしんに》が残った。一説によると、一家の生活が困窮したため、越後から京都への送金が目的だったともいわれる。

親鸞は最晩年も精力的に執筆を続け、関東の門弟たちとの手紙のやり取りも続けていたが、没年の十一月初旬から寝込むようになった。それでも最期を見守る近親者に、「一人居て喜ばは二人と思ふ《う》べし、二人居て喜ばは三人と思ふべし、その一人は親鸞なり」（一人で仏縁を喜んでいる人は二人でいると思いなさい。二人で喜んでいる人は三人でいると思いなさい。そのもう一人は、私、親鸞です）

と、やさしく語りかけたという。「私が浄土へ往生して仏となったら、またこの世に戻って人々を浄土に導いてあげるから安心しなさい」という意味である。

また、三代覚如《かくにょ》が著した『改邪鈔《がいじゃしょう》』によると、遺誡《ゆいかい》としてこんな言葉も残したといわれる。

「某《それがし》親鸞閉眼せば、賀茂河《かもがわ》にいれて魚にあたふべし」（私が死んだら、その亡骸《なきがら》は鴨川に流して魚の餌にしなさい）

いわんとしたのは「この世の命が終わると同時に浄土へ往生できるのだから、私の亡骸は何の意味も持たない」ということで、親鸞は最期まで教えを徹底させることに努めていたようだ。

弘長《こうちょう》二年十一月二十八日（新暦では一二六三年一月十六日）正午、念仏をとなえながら往生。親鸞の亡骸は、覚信尼らによって火葬され、京都東山の鳥辺野《とりべの》（現在の清水寺の南あたり）に葬られた。その十年後の文永《ぶんえい》九年（一二七二）、覚信尼は関東の門弟たちの援助を受け、吉水《よしみず》の北部（現在の崇泰院《そうたいいん》の地）に六角堂を建て、親鸞の遺骨を移して墓所「大谷廟堂《おおたにびょうどう》」とした。

Q20 「蓮如」ってどんな人？

中興の祖・蓮如

親鸞没後に末娘の覚信尼《かくしんに》が建てた大谷廟堂《おおたにびょうどう》は、親鸞のひ孫の覚如《かくにょ》によって寺院化され「本願寺」となった。覚如は血統を切り札として自ら「本願寺三代」を名のり、教団化を図ったのである。しかし、金銭的支援をしていた関東の門弟たちはそれに反発し、本願寺への支援を中止。それにより本願寺は衰退の一途をたどることになる。

室町時代後期、本願寺八代となる蓮如《れんにょ》（一四一五〜一四九九）が生まれた頃の本願寺は、「人跡たえて、参詣の人ひとりも見えさせたまわず。さびさびとしておわす」（『本福寺跡書《ほんぷくじあとがき》』）というほど寂《さび》れていたようだ。そして当時の本願寺は、覚如が寺院化したことにともない百数十年にわたり天台宗青蓮院《しょうれんいん》の末寺扱いとなっており、親鸞の教えにふさわしくない法物《ほうもつ》や風習もあった。

蓮如は応永《おうえい》二十二年（一四一五）、七代存如《ぞんにょ》の長男として生まれた。ただし正妻の子ではなく、幼少から不遇の生活を強いられた。それでも、極貧生活の中で研鑽《けんさん》に励み、四十三歳で宗主を継承してからは本願寺の大改革に着手した。

改革のスローガンは「親鸞回帰」だった。宗祖親鸞の精神に立ち返り、北陸、東北、関東などを布教して回り、教えをわかりやすく説いて念仏をひろめた。

蓮如は、親鸞と同じく門徒を「御同朋《おんどうぼう》」「御同行《おんどうぎょう》」と敬《うやま》い、老若男女、貴賤《きせん》の区別なく膝を交えて接した。そして遠方の門徒たちには頻繁に手紙を送って布教した。

蓮如が率いる本願寺教団は急速な教勢拡大を遂げたが、それをよしとしない既成仏教側は本願寺を弾圧。寛正《かんしょう》六年（一四六五）には比叡山衆徒の襲撃を受け、本願寺は破却された。本願寺を追われた蓮如は、越前吉崎《えちぜんよしざき》（福井県あわら市）に拠点を移し、わずか数年で一大宗教都市を築いた。しかし、北陸一帯に強大化した本願寺の門徒集団は一向一揆《いっこういっき》の芽となり、蓮如は吉崎を離れて京都山科《やましな》に本願寺を再建、七十五歳で五男の実如《じつにょ》に法灯《ほうとう》を譲り、隠退《いんたい》。その後も活動を続け、摂津《せっつ》（大阪府北西部から兵庫県の一部）に大坂御坊《おおざかごぼう》（のちの石山《いしやま》本願寺）を建て、明応《めいおう》八年（一四九九）に八十五歳で往生するまで教団の発展に尽くした。

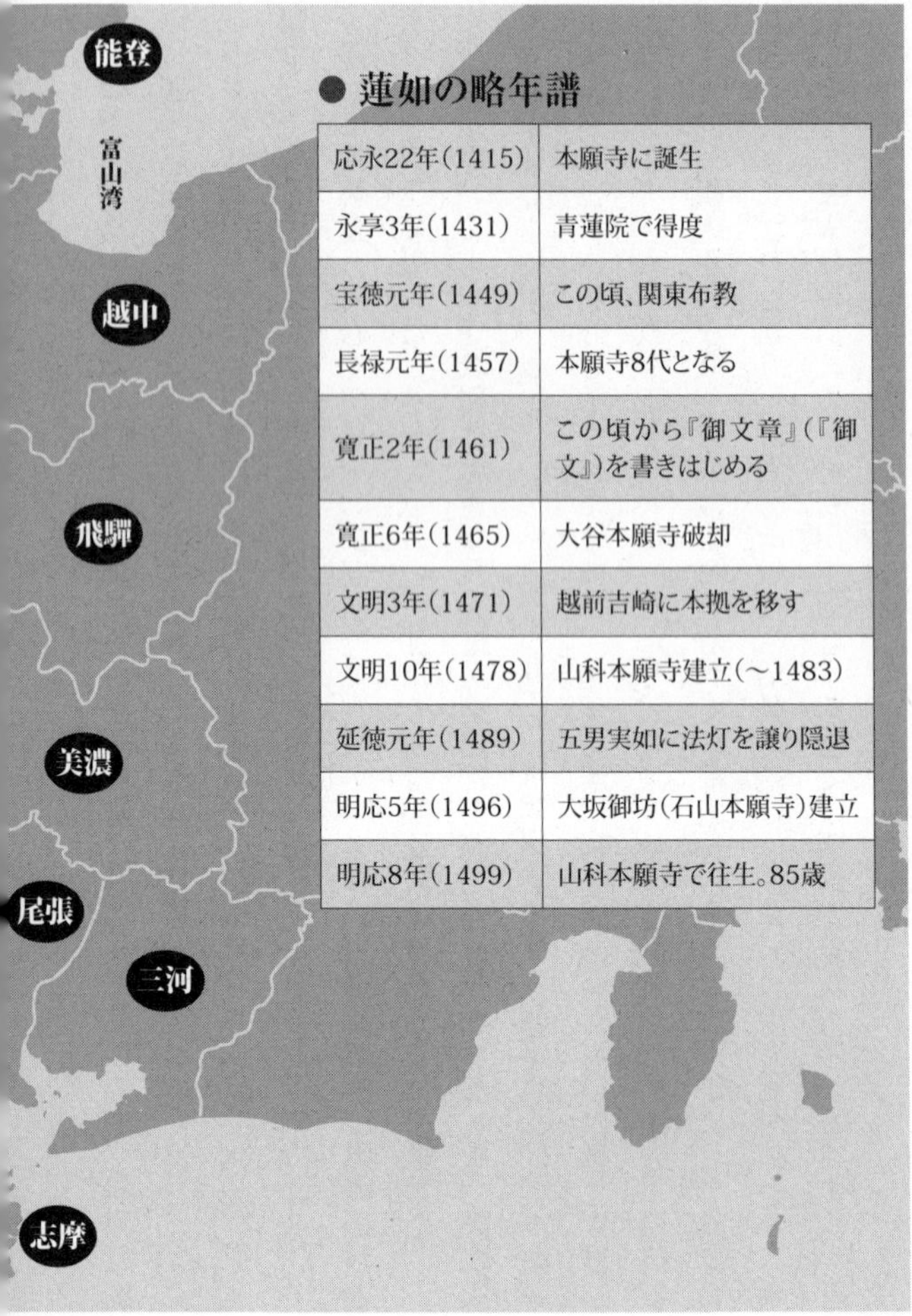

● 蓮如の略年譜

応永22年(1415)	本願寺に誕生
永享3年(1431)	青蓮院で得度
宝徳元年(1449)	この頃、関東布教
長禄元年(1457)	本願寺8代となる
寛正2年(1461)	この頃から『御文章』(『御文』)を書きはじめる
寛正6年(1465)	大谷本願寺破却
文明3年(1471)	越前吉崎に本拠を移す
文明10年(1478)	山科本願寺建立(〜1483)
延徳元年(1489)	五男実如に法灯を譲り隠退
明応5年(1496)	大坂御坊(石山本願寺)建立
明応8年(1499)	山科本願寺で往生。85歳

●蓮如の足跡（1415年～1499年）

蓮如上人像（西本願寺蔵）

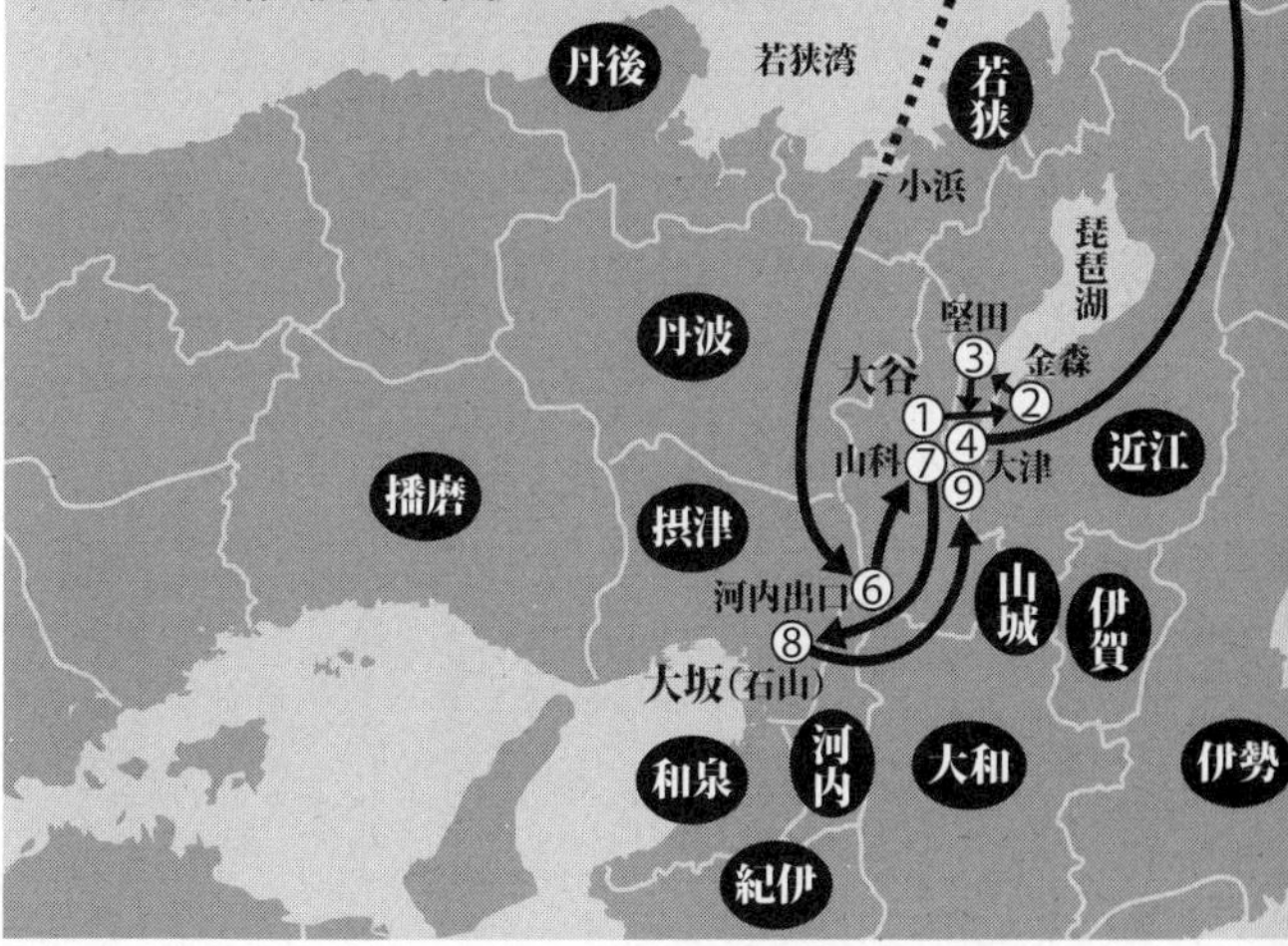

※⑦と⑨は同じ山科の地を示す

Q21 蓮如の『御文章』『御文』って何？

中興の祖・蓮如

蓮如がこれほどまでに教線を拡大できたのは、さまざまな独自の布教方法にある。なかでも本願寺再興の原動力となったのが手紙での布教だ。これを西本願寺では『御《ご》文章《ぶんしょう》』、東本願寺では『御文《おふみ》』と呼んでいる。

最初に蓮如が『御文章』（『御文』）を書いたのは、本願寺継承四年後の寛正《かんしょう》二年（一四六一）で、その後山科《やましな》で没するまでに二百五十通から三百通が書かれたといわれる。手紙の内容は、親鸞の教えの根本となる「信心正因《しんじんしょういん》」「称名報恩《しょうみょうほうおん》」が中心となっている。つまり、「阿弥陀仏の信心をいただけば往生が定まり（信心正因）、そのうえでの念仏は報恩感謝の念仏である（称名報恩）」ということ。

蓮如はこれをわかりやすく平易な文章にして、仮名まじりで書き、弟子や門徒に送った。彼らはその手紙を何度も読み返したり、門徒仲間同士で書写して読み継がれた。

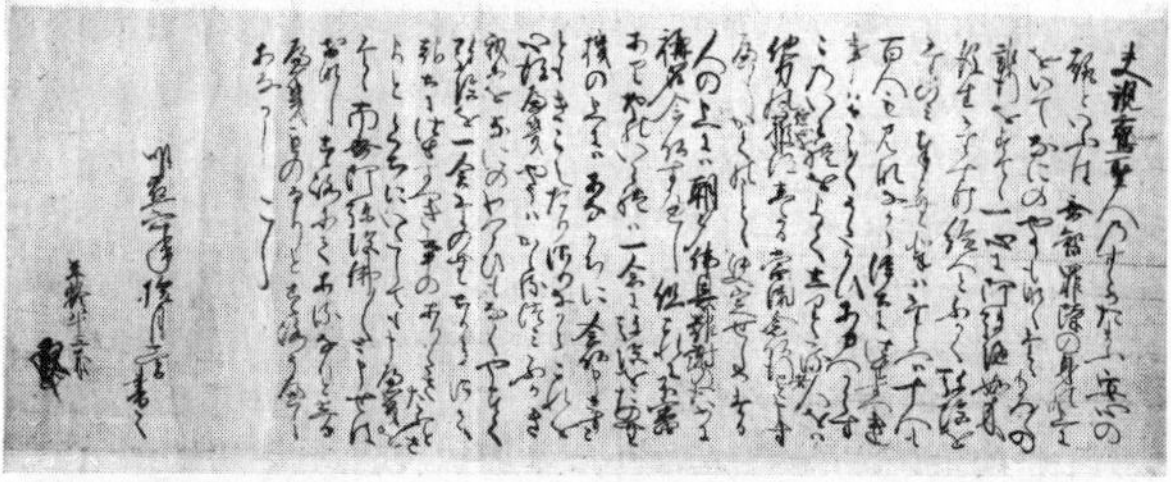

蓮如上人の御文章草稿。本善寺（奈良県吉野郡吉野町）は蓮如が自ら同行とともに建てた、全国でも数少ない寺院のひとつと伝わる（飯貝《いいがい》御坊《ごぼう》 本善寺《ほんぜんじ》蔵）

現在もおつとめや法要で読まれる浄土真宗の大切なお経のひとつになっている。

読み継がれている蓮如の手紙の中でよく知られているのは、「聖人一流《しょうにんいちりゅう》の章《しょう》」「白骨《はっこつ》の章」「末代《まつだい》無智《むち》の章」などである。なかでも「白骨の章」は、葬儀や法事で必ず読まれ、屈指の名文として名高い。

『御文章』（『御文』）の文末はすべて「あなかしこ」で終わっているが、これは書簡の結語につける「敬具」にあたり、蓮如が認《したた》めた手紙がそのまま今に伝えられていることがわかる。

蓮如没後、孫の円如《えんにょ》は全国の門徒集団を回って手紙を集め、五帖《ごじょう》八十通に編纂《へんさん》したのが『御文章』（『御文』）だ。また、それ以外にも『帖外御文《じょうがいおふみ》』として百三十九通がある。

浄土真宗の歴史

Q22 「一向宗」と「浄土真宗」は違う!?

浄土真宗門徒による一揆が「一向一揆《いっこういっき》」と呼ばれるだけに、蓮如の時代は浄土真宗を「一向宗」と名のっていたのかというとそうではない。それとは逆に、蓮如は「浄土真宗門徒は一向宗と名のってはいけない」と教えていた。

一向宗は、鎌倉時代に一向俊聖《いっこうしゅんしょう》が開いた宗派である。俊聖は、法然を開祖とする浄土宗鎮西《ちんぜい》派の良忠《りょうちゅう》の弟子と伝えられ、のちに遊行僧《ゆぎょうそう》として各地をめぐり、踊りながら念仏をとなえる〝踊躍《ゆやく》念仏〟というスタイルで念仏をひろめた。一向俊聖の名はとくに北陸で知られていた。また俊聖と同時代、同じく踊躍念仏の一遍《いっぺん》が「時宗《じしゅう》」を開いたことから、双方は混同されやすいが、別の宗派である。

時代が下り蓮如の頃になると、一向宗と時宗、そして浄土真宗も「一向に（ひたすら）念仏をとなえる教団」であることから、それらが混同されて「一向宗」と呼ばれるようになっていた。浄土真宗門徒の中にも自らを一向宗と名のる者もいたようだ。

蓮如は『御文章《ごぶんしょう》』(『御文《おふみ》』)の中で、「他宗派の人が勘違いして私たちを一向宗と呼ぶのは仕方ないが、一向宗と自称してはいけない。宗祖である親鸞聖人は、浄土真宗と定められている」という趣旨の発言をし、これを守らない門徒は破門するとまで述べている。しかし、浄土真宗が多くの人々から「一向宗」と呼ばれる風潮は長く続いた。その後も浄土真宗は宗名について、国家権力からさまざまな統制を受けている。

江戸時代になると、幕府から「浄土真宗」と名のることを禁じられ、「一向宗」と公称するように命じられる。一方で、一向俊聖が開いた一向宗は、時宗に強制統合され「時宗一向派」と改称させられた。

安永《あんえい》三年(一七七四)、浄土真宗各派が幕府に「浄土真宗」を公式名称とするように求める意見書を提出し、幕府は将軍家の菩提寺《ぼだいじ》である天台宗の寛永寺《かんえいじ》と浄土宗の増《ぞう》上寺《じょうじ》に意見を求めたが、増上寺が猛反対。論争は十五年にわたり続いたが許されなかった。その後、ようやく「真宗」の公称が認められたのは、明治五年(一八七二)である(71ページ参照)。

Q23

どうして「東本願寺」と「西本願寺」があるの？

浄土真宗の歴史

親鸞は〝非僧非俗《ひそうひぞく》〟を貫き、生涯に一寺も建てることはなかった。「親鸞は弟子一人《いちにん》ももたず候《そうろ》ふ」と『歎異抄《たんにしょう》』第六条にある。親鸞を慕う人たちに対して教えは説いても、その人たちを集めて組織化しようとは思わなかったのである。ところが、そんな思いとは裏腹に、親鸞没後には関東の門弟たち、そして親族までもが教団の組織化を進めていくことになる。それから現在に至るまでの歴史の過程で、親鸞を宗祖とする浄土真宗系の宗派は多数形成されていった。そのなかでおもな十派が「真宗十派」として真宗教団連合を組織している（70ページ参照）。

親族、いわゆる親鸞の血統を継ぐのが浄土真宗本願寺派（通称：西本願寺）と真宗大谷派（通称：東本願寺）の二派である。もともと両派は三代覚如《かくにょ》が寺院化した本願寺から始まっているが、慶長《けいちょう》七年（一六〇二）に分立した。そのくわしい経緯については第3章で述べるが、簡単にふれておこう。

東西分立の遠因は、八代蓮如《れんにょ》の頃に本願寺が巨大化しすぎたことにある。門徒集団は各地で組織化して一向一揆《いっこういっき》を起こす。そして本願寺教団は有力戦国大名と肩を並べるほどの力を持つようになったのである。

室町幕府を滅ぼし天下統一を狙う織田信長は、比叡山や本願寺など有力教団に対しても弾圧してきた。石山《いしやま》本願寺を本拠地としていた十一代顕如《けんにょ》は、石山合戦《かっせん》で信長に敗れる。しかし、その信長も本能寺の変で討たれ、豊臣秀吉が天下を統一した。

秀吉は本願寺と友好関係をとり、天正《てんしょう》十九年（一五九一）には京都六条堀川に寺地を与え、本願寺は再興された。その年顕如が没し、長男の教如《きょうにょ》が十二代を継ぐことになる。ところが秀吉は、石山合戦で最後まで抵抗した教如を危険人物と見て隠退させ、弟の准如《じゅんにょ》に十二代を継がせた。

その後、秀吉に代わり天下を取った徳川家康は、いまだ勢力を保つ本願寺を二分させるために、教如を支持して京都六条烏丸《からすま》に寺地を与えた。こうして本願寺は准如を十二代とする西本願寺、教如を十二代とする東本願寺に分かれ、現在に至っている。

Q24 「真宗十派」って何？

浄土真宗の歴史

浄土真宗系のおもな十派で組織されるのが「真宗十派」と呼ばれる真宗教団連合である。浄土真宗の教えと立場を鮮明にすることを目的に、加盟宗派が交流を図っている。このうち親鸞の血統を色濃く継いでいるのは、前項で述べた浄土真宗本願寺派と真宗大谷派の二派。他の八派は親鸞の関東布教時代の門弟たちの流れをくんでいる。

本願寺派の本山の正式名称は「本願寺」（通称：西本願寺）、大谷派は「真宗本《ほん》廟《びょう》」（通称：東本願寺）。慶長《けいちょう》七年（一六〇二）の東西分立以来、大谷派の本山の正式名称も「本願寺」だったが、昭和六十二年（一九八七）に変更した。

門弟の流れをくむ八派の中で所属寺院数が最も多いのは真宗高田派で、本山は専修《せんじゅ》寺《じ》（三重県津市）。高田派は、親鸞が下野国《しもつけのくに》高田（栃木県真岡《もおか》市）につくった念仏道場が始まりで、現在その地には専修寺本寺《ほんじ》がある。親鸞は高弟の真仏《しんぶつ》に道場を託して帰洛した。

高田派の流れをくむのは真宗佛光寺《ぶっこうじ》派、真宗興正《こうしょう》派、真宗三門徒《さんもんと》派、真宗山元《やまもと》派、真宗誠照寺《じょうしょうじ》派だ。なお山元派は、真宗出雲路《いずもじ》派と同じく、親鸞に義絶された善鸞《ぜんらん》を二代とする。出雲路派はもとは京都にあり、室町時代に山元派を頼って越前に移った。

また真宗木辺《きべ》派は、親鸞が帰洛途中の宿泊地で教えを説いたのち、高弟の性信《しょうしん》に託された。

浄土真宗は〝浄土の真の教え〟を意味しているが、浄土宗からの反対などもあり、長い間「浄土真宗」と名のることが許されなかった。明治五年（一八七二）に政府から各派が正式名称を「真宗」と称することが認められた。そして五年後に本願寺派は「浄土真宗」と冠した。真宗十派の中で宗名に「浄土真宗」とつくのは本願寺派だけで、他九派は「真宗」としている。

●真宗十派

※順不同

宗派名	本山	所在地	寺院数
浄土真宗本願寺派	本願寺（西本願寺）	京都市下京区	10,167
真宗大谷派	真宗本廟（東本願寺）	京都市下京区	8,516
真宗高田派	専修寺	三重県津市	626
真宗佛光寺派	佛光寺	京都市下京区	357
真宗興正派	興正寺	京都市下京区	499
真宗木辺派	錦織寺	滋賀県野洲市	213
真宗出雲路派	毫摂寺	福井県越前市	57
真宗誠照寺派	誠照寺	福井県鯖江市	52
真宗三門徒派	専照寺	福井県福井市	35
真宗山元派	證誠寺	福井県鯖江市	20

『平成30年版 宗教年鑑』（文化庁編）より

もっと知りたい浄土真宗①

お互いに観音菩薩の化身と敬った親鸞と恵信尼

親鸞は、妻となる恵信尼《えしんに》に初めて会ったとき、その清らかな容姿に、六角堂の夢告《むこく》(27ページ参照)から観音菩薩の生まれ変わりであると信じ、妻帯を決意したと伝えられる。

一方、恵信尼も親鸞を観音菩薩の生まれ変わりと思っていた。それは親鸞の往生を知らせた覚信尼《かくしんに》へ返信した『恵信尼文書《もんじょ》』第三通に記されている。

親鸞一家が越後を離れて最初に居住地とした常陸国《ひたちのくに》小島《おじま》に近い幸井郷《さかいのごう》(茨城県下妻《しもつま》市坂井)でのこと。恵信尼は夢の中で、お堂の中に光り輝く二体の仏を見た。一体は、光に包まれて色も形もはっきりしない仏だった。恵信尼が驚いていると「一体は智慧《ちえ》の光を放つ勢至《せいし》菩薩、すなわち法然。そしてもう一体は観音菩薩、すなわち親鸞である」と告げられた。ともに阿弥陀仏を補佐する脇侍《きょうじ》である。

恵信尼はこの夢のお告げについて、親鸞には法然のことのみ話し、親鸞が観音菩薩の化身《けしん》であることは自身の胸にしまっていたと伝わる。お互いに観音菩薩と敬いながら生涯を過ごしたのである。

第2章

身近な浄土真宗とその特徴

早わかり浄土真宗❷

門徒の基礎知識

釈迦《しゃか》の教えである仏教が多くの宗派に分かれているのは、さとりへの道筋の違いによるものである。そのため、宗派により信仰のよりどころとなる本尊《ほんぞん》、お経、おつとめの作法、お寺の行事などが異なっている。

浄土真宗は、阿弥陀仏の救いを説く「浄土教」の流れをくんでいる。したがって、よりどころとなる本尊は阿弥陀仏であり、阿弥陀仏への報恩感謝《ほうおんかんしゃ》の言葉である「南無阿弥陀仏《なも(む)あみだぶつ》」という念仏をとなえることを大切にしている。

お経は、親鸞の師・法然《ほうねん》が浄土三部経と定めた『無量寿経《むりょうじゅきょう》』『観無量寿経《かんむりょうじゅきょう》』『阿弥陀経《あみだきょう》』を根本聖典とし、なかでも親鸞は「真実の教えはこの経典にある」として『無量寿経』を最重要経典と位置づけた。

浄土真宗門徒《もんと》が朝夕行うおつとめの基本作法は、蓮如《れんにょ》がつくったものである。また、仏壇を一般に普及させたのも蓮如である。今でこそ、どこの宗派でも、檀《だん》信徒が朝夕おつとめするお経や、仏壇のお飾りの仕方などについて、それぞれ基本作法が決められているが、当時、おつとめは僧侶だけが行うものだった。蓮如はこれを民衆のものにしたのである。

蓮如のつくったおつとめの作法では、まず親鸞の主著である『教行信証《きょうぎょうしんしょう》』の中にある「正信偈《しょうしんげ》」を読み、それから親鸞がつくった「和讃《わさん》」を読む。そして念仏をとなえるという手順になる。これを、本尊を安置した仏壇の前で一家全員で唱和《しょうわ》した。あるいは「念仏講《こう》」といって念仏道場に門徒たちが集まって行うこともあった。これにより門徒たちの信仰心はより一層高まった。

さて浄土真宗では、阿弥陀仏の慈悲により、誰でも亡くなると同時に浄土に往生し、必ず成仏《じょうぶつ》できると考える。ところが他宗派では、死者は霊となって「冥《めい》土《ど》の旅」をし、生前の罪の重さによって六道輪廻《ろくどうりんね》するなどといわれている。浄土真宗の仏事作法には、そうした考えを排除するため、さまざまな独自のならわしがある。第２章ではこれもあわせて紹介する。

Q1

本尊

浄土真宗の本尊「阿弥陀仏」って、どんな仏様？

本尊《ほんぞん》とは信仰のよりどころとなる仏のことである。浄土真宗では阿弥陀仏《あみだぶつ》のみをよりどころとし、礼拝《らいはい》の対象としている。なぜ、釈迦《しゃか》（釈迦牟尼仏《しゃかむにぶつ》、釈迦如来《しゃかにょらい》）ではなく、阿弥陀仏を本尊としているのか——その理由は、親鸞が最も重要なお経と定めた『無量寿経』に説かれている（80ページ参照）。

阿弥陀仏は「阿弥陀如来」とも呼ばれ、極楽浄土に住む仏だ。如来とは仏の最高位である。さとりを得た者——つまり真如《しんにょ》（真理）に達した者、そして真如の世界から迷いの世界にある人々を救うために来た者を意味する。

仏はそれぞれ自分の国（仏国土《ぶっこくど》）を持っており、それは一切の煩悩《ぼんのう》やけがれを離れた清浄な国土であることから「浄土」と呼ばれる。数多くある浄土の中で阿弥陀仏の浄土は、苦悩がまったくなく、ただ楽のみの世界であるため「極楽浄土」と呼ばれている。阿弥陀仏は、迷いの世界にある人すべてを極楽浄土に救うと誓いを立てたのだ。絢爛《けんらん》豪華な極楽浄土の様子は『阿弥陀経《あみだきょう》』に説かれている（84ページ参照）。

阿弥陀とは、梵語《ぼんご》（古代インドのサンスクリット語）のアミタユース、あるいはアミターバを漢語で音写したもので、「限りない命を持つ仏」「限りない智慧《ちえ》や慈悲の光を持つ仏」を意味する。そこで「無量寿仏《むりょうじゅぶつ》」「無量光仏《むりょうこうぶつ》」とも呼ばれる。

浄土真宗の本尊としてまつられる阿弥陀仏の木像や絵像は、坐像ではなく、人々を救うために立ち上がった姿をしている。そして光背《こうはい》は、人々を救うために仏身から発する光明《こうみょう》を表している。阿弥陀仏とは、煩悩にとらわれたこの世をあまねく照らすため空間的・時間的制約を受けないものであることを示しているのである。

阿弥陀如来絵像。15世紀、室町時代に描かれたもの（写真提供・龍谷大学図書館）

本尊

Q2 「南無阿弥陀仏」って どういう意味？

阿弥陀仏の名前を文字で書いたものを「名号本尊《みょうごうほんぞん》」という。

一般的によく知られている「南無阿弥陀仏《なも(む)あみだぶつ》」の六文字（六字名号）は、阿弥陀仏の名前を呼んでいるのである。このほかに「南無不可思議光如来《なも(む)ふかしぎこうにょらい》」の九字名号、「帰《き》命尽十方無碍光如来《みょうじんじっぽうむげこうにょらい》」の十字名号がある。

「南無」とは、梵語《ぼんご》のナマスを漢語で音写したもので「心から信じ、よりどころにすること＝帰依《きえ》、帰命《きみょう》」を表している。したがって「南無阿弥陀仏＝阿弥陀仏を信じ、よりどころにします」という意味を、漢語で表記したのが九字名号と十字名号だ。

「不可思議光如来」は「人間の認識を超えた限りない智慧《ちえ》や慈悲の光を持つ仏」、「尽十方無碍光如来」は「あらゆる世界に届き、決して妨げられることのない智慧や慈悲の光を持つ仏」の意味で、阿弥陀仏の別称である。親鸞はとくに「帰命尽十方無碍光如来」の十字名号を大切にしていたとされる。

本来、仏は、色も形もない、真実の智慧と慈悲によって人々を救うはたらきそのものである。仏像を本尊としたほうが人々にわかりやすいが、親鸞は偶像崇拝となることを危惧した。さらに、念仏といえば「南無阿弥陀仏」の六文字をとなえることだが、念仏を呪文としてとなえないように九字や十字の名号を用いたといわれている。

浄土真宗中興の祖・蓮如《れんにょ》は「他流には名号よりは絵像、絵像よりは木像というなり。当流には木像より絵像、絵像よりは名号というなり」と述べ、多くの六字名号を書いて門徒に下付《かふ》している。

浄土真宗を信仰する家庭の仏壇には、所属寺（他宗でいう菩提寺）を通して本山から受けた絵像をまつる。その絵像の裏に「方便法身尊形《ほうべんほっしんのそんぎょう》」と書かれているのは、人々を救うために阿弥陀仏の真実の智慧と慈悲が姿を現したものと考えるからである。

Q3

阿弥陀仏誕生の由来が書かれたお経って？

お経

阿弥陀仏誕生の由来は、親鸞の師・法然が定めた浄土三部経のひとつ『無量寿経』に書かれている。これを親鸞は、釈迦《しゃか》が説いた最も重要な教えとして「仏説無量寿経」「大無量寿経」「大経《だいきょう》」などと呼んだ。このお経の説法の場所は古代インドのマガダ国の北東、霊鷲山《りょうじゅせん》である。内容は、はるか昔、法蔵《ほうぞう》という出家者が世自在王仏《せじざいおうぶつ》のもとで発願《ほつがん》し、修行の末に阿弥陀仏となったいきさつが説かれている。

法蔵の師の世自在王仏は、世の人々を自由自在に救うことができるすぐれた仏である。法蔵は、迷いの世界にあるすべての人の救済を志し、師同等にすぐれた仏となるためにはどうしたらよいかと尋ねた。すると世自在王仏は数々の仏国土（浄土）を見せて、自分で答えを出さなければいけないといった。法蔵は、五劫《ごこう》という長い長い時間をかけて考え、四十八の誓願《せいがん》（四十八願《しじゅうはちがん》＝本願《ほんがん》）を立てて修行することを誓った。

四十八願の中でも次の第十八願が根本とされ、「王本願」と呼ばれている。

「あらゆる人々が心から私（阿弥陀仏）の真心《まごころ》を信じ、浄土に生まれたいと願って念仏し、それで浄土往生《おうじょう》させることができないなら、私は仏にはならない」

これを「至心信楽《ししんしんぎょう》の願《がん》」（念仏往生の願）という。

法蔵は、さとりを開いたのちも、四十八願のすべてを成就するまで仏にはならず、人々を救いながら修行を続けたので「法蔵菩薩《ほうぞうぼさつ》」と呼ばれている。

釈迦は、法蔵菩薩は阿弥陀仏となり、現在、西方彼方《さいほうかなた》の極楽浄土にいるという。それは四十八願のすべてが成就しているからにほかならない。つまり、阿弥陀仏の名号《みょうごう》を聞いて心から信じ、その浄土に生まれたいと願って念仏する者は、極楽浄土に生まれて仏となることが決まっているのである。

釈迦はこの説法の最初に、自分がこの世に生まれ出た目的は、念仏往生の教えを広く説き、人々を真実に導くためであると述べている。そして最後に、阿弥陀仏を信じて、自分の滅後も疑いの心を起こさないように戒め、末法《まっぽう》の世となってもこの教えだけは伝えつづけられるだろうと結んでいる。

Q4 浄土往生の方法が書かれたお経とは？

阿弥陀仏の極楽浄土に生まれる方法（念仏往生）は『観無量寿経《かんむりようじゆきよう》』に説かれている。「仏説観無量寿経」、略して「観経《かんぎよう》」とも呼ばれる。これは釈迦《しやか》の在世当時、古代インドのマガダ国の首都、王舎城《おうしやじよう》に起こった事件を契機に説かれたものである。

王舎城に阿闍世《あじやせ》という一人の王子がいた。事件というのは、阿闍世が悪友の提婆達多《だいばだつた》にそそのかされて、父である頻婆娑羅《びんばしやら》王を幽閉し、王に食事を運んだ実母・韋提希夫人《いだいけぶにん》をも城の奥に閉じ込めたのである。

韋提希夫人は、城の北東の霊鷲山《りようじゆせん》で説法している釈迦を思い、泣きながら礼拝《らいはい》し顔をあげてみると、目の前に釈迦の姿があった。「私は何の罪があってこのような悪い子を産んだのでしょうか。苦悩のない世界に往生させてください」と号泣して頼むと、釈迦はさまざまな浄土を見せてくれた。その中で、韋提希夫人は阿弥陀仏の極楽浄土に生まれることを願い、往生の方法を説いてくれるようにいった。

そこで釈迦はまずはじめに、精神を統一して浄土と仏、そこに住む人々の様子を十三段階に分けて思い浮かべる方法「定善観法《じょうぜんかんぼう》」を説いた。

さらに、精神を統一できずとも散乱した心のままで善を行う方法「散善三福《さんぜんさんぷく》」を説いた。三福とは、行福《ぎょうふく》（大乗の善＝自他ともに救われる大乗仏教の善）、戒福《かいふく》（小乗の善＝自分が戒律を守ることによって救われる小乗仏教の善）、世福《せふく》（世間の善＝世間の道徳に従うことで幸せに生きる方法）である。人間は、生まれ持った資質（上《じょう》品《ぼん》・中品《ちゅうぼん》・下品《げぼん》）と行動（上生《じょうしょう》・中生《ちゅうしょう》・下生《げしょう》）によって九つのランクに分けられ、それぞれに合った方法があるというわけだ。そして最後に、こうした善行《ぜんぎょう》ができない人のために、どんな凡夫《ぼんぷ》でも行うことができる「念仏往生」の方法を説いた。それは、阿弥陀仏の救いに身をまかせて、ひたすら念仏をとなえることだ。この言葉を聞いて、韋提希夫人はすっかり迷いが晴れ、安らかな心になれたのだった。

親鸞は、釈迦の本意は、最後に示した、誰もができる念仏往生にあるとして、『観無量寿経』は『無量寿経』の真実の教えと一致するものであるととらえていた。

Q5 極楽浄土の様子が書かれたお経とは？

お経

阿弥陀仏の極楽浄土の様子が説かれているのが『阿弥陀経』である。

このお経は、釈迦《しゃか》の在世当時、古代インドのコーサラ国の首都、舎衛城《しゃえいじょう》にあった僧院「祇園精舎《ぎおんしょうじゃ》」で説かれた。千二百五十人の僧侶の前で、釈迦が問いかけを待たずに自ら説きはじめたので「無問自説経《むもんじせっきょう》」、あるいは釈迦一代の結びの説法として「一代結経《いちだいけつきょう》」ともいわれる。また、短いため「小経《しょうきょう》」とも呼ばれている。

内容は大きく三つに分かれる。はじめに、極楽浄土の豪華絢爛なありさまと、仏とそこに住む人々の尊い徳が示される。次に、この浄土には自力で善行《ぜんぎょう》を積むのでは往生できないこと、阿弥陀仏の救いを疑うことなく信じ、一心に念仏をとなえることによってのみ浄土往生がかなうことが説かれる。そして最後に、あらゆる仏がこの念仏往生の方法が真実であることを証明し、念仏者を見守っていることが述べられている。

なぜ、阿弥陀仏の浄土が「極楽」と呼ばれているのか――その国の人々には、苦というものがなく、ただ楽のみを受けているので、極楽と呼ばれるのである。絢爛豪華な極楽浄土の様子を紹介しよう。極楽浄土は、七重の装飾を施した垣、七重の宝珠で飾られた網、七重の並木にかこまれ、すべて金・銀・瑠璃《るり》・玻璃《はり》の四種の宝石で飾られている。七宝でできた池は、八つの功徳を持つ尊い水で満たされ、底には金の砂が敷かれている。池から四方に続く階段状の道は四種の宝石でできており、その上の楼閣も七種の宝石で飾られている。池の中の蓮華《れんげ》は車輪のように大きく、青・黄・赤・白に輝き、よい香りを漂わせている。つねに天上界の音楽が流れ、金の大地には一日六回、華が降る。人々は毎朝、籠にその華を盛って仏に供養する。

そして、さまざまな鳥たちは阿弥陀仏が教えを広く伝えるため変化したものである。その声を聞いた者は皆ことごとく、仏（仏陀《ぶつだ》＝さとりを開いた者）・法（仏法《ぶっぽう》＝さとりの智慧《ちえ》）・僧（僧伽《そうぎゃ》＝仏道修行をする仲間）を念ずる心を起こすという。

釈迦は、この説法を聞いた者は極楽浄土に生まれたいと願い、念仏すべきであると説いているのである。

Q6

浄土真宗では『般若心経』を読まないってホント？

お経

『般若心経《はんにゃしんぎょう》』は日本人に最も親しまれているお経である。しかし、浄土真宗では『般若心経』をとなえたり、写経したりしない。その理由は、自力を頼む教えだからだ。『般若心経』は全文二百六十二文字の短いお経なのでとなえやすいが、その教えはとても深遠だ。正式名は『摩訶般若波羅蜜多心経《まかはんにゃはらみったしんぎょう》』といい、『西遊記《さいゆうき》』に登場する三蔵法師、玄奘《げんじょう》が訳した『大般若経《だいはんにゃきょう》』六百巻の心髄《しんずい》である。

「摩訶」は「偉大な」という意味、「般若」とは真実を正しく見抜くさとりの智慧《ちえ》、「波羅蜜多」とは、さとりの智慧に至るための実践法である。

『般若心経』の有名な経文《きょうもん》「色即是空《しきそくぜくう》　空即是色《くうそくぜしき》」を例に取ってみよう。「一切の現象には実態がない、実態がないことが現実なのである」という意味で、執着の心を捨てた〝空《くう》〟の境地を説いている。つまり、自らの力によって煩悩を断ち切り、仏のさとりの智慧に至ろうとする教えなのである。

そこで親鸞を思いおこしてみよう。親鸞は比叡山《ひえいざん》で二十年にもわたって厳しい修行を積み重ねたにもかかわらず、煩悩に悩みつづけていた。そして絶望の果てに、法然の「もっぱら念仏をとなえよ」という言葉に目を開かれたのである。

釈迦《しゃか》は「対機説法《たいきせっぽう》」といって、それぞれの人にあわせて説法した。四万八千の法門（仏の教え）から、親鸞の師である法然は「他力念仏」の教えを選び取ったのだ。

どんなに努力しても報われない凡夫《ぼんぷ》に、阿弥陀仏は救いの手をさしのべてくれている。阿弥陀仏の救いを信じる心も、念仏をとなえることも、阿弥陀仏からのはたらきかけがあって初めてできることであるというのが、親鸞がたどり着いた「絶対他力」の教えである。したがって、自力で救われない凡夫のための教えが浄土真宗であり、浄土真宗門徒が、自力を頼む教えである『般若心経』をとなえれば、阿弥陀仏の救いを信じきれていないということになってしまう。

親鸞は、念仏という誰にでもできる方法を与えてくれた阿弥陀仏の真心《まごころ》に感動し、「正信偈《しょうしんげ》」を著した。だから浄土真宗でおつとめするのは、「正信偈」なのである。

Q7 浄土真宗の仏壇はなぜ、金ピカなのか？

浄土真宗の仏壇といえば、豪華な金仏壇を思い浮かべるだろう。金箔を張りつめた金仏壇は、阿弥陀仏の極楽浄土をイメージしたものだ。

仏壇とは、まさに仏をまつる場所である。日本における仏壇の歴史は古く、七世紀の飛鳥《あすか》時代に作られた、法隆寺の玉虫の厨子《ずし》が最古の仏壇といわれている。厨子の前に卓を置いて、その上に香《こう》、華、灯、あるいは供物《くもつ》をおそなえした。また『日本書紀』によれば、六八六年に天武《てんむ》天皇が「諸国の家ごとに仏舎を作り、仏像や経巻を置き、礼拝《らいはい》供養せよ」という詔《みことのり》を発し、全国に仏壇がひろまったとされる。

そして一般の人々が仏壇を持つようになったのは江戸時代だ。幕府のキリスト教禁止政策の一環として各家をいずれかの寺院に所属させ、宗門人別改帳《しゅうもんにんべつあらためちょう》を作らせた。これによって、それぞれの家に仏壇が置かれるようになったのである。

じつは仏壇を一般に普及させたのは、浄土真宗中興の祖・蓮如といえる。室町時代、蓮如は各地で布教し、お内仏《ないぶつ》（仏壇）の必要性を説いていたのである。

浄土真宗の金仏壇の装飾は、『御文章《ごぶんしょう》』（『御文《おふみ》』）五帖第十二通「御袖《おそで》すがりの御文」に説かれた阿弥陀仏の姿が元になっているといわれている。すなわち、「自力のはからいを捨て、ひとすじに阿弥陀様の御袖にひしとすがる思いで『助けてください』とお願いすれば、阿弥陀様はお喜びになって、その身から八万四千の光を放ち、その中に包み込んでくださる」と書かれている。浄土真宗門徒は、この荘厳な仏壇の中に阿弥陀仏の光明《こうみょう》を見て、極楽浄土に思いを馳せるのである。

金仏壇といっても浄土真宗各派で違いがある。また、浄土真宗は必ず金仏壇でなければならないということではない。仏壇は小型の寺院であり、一家のよりどころとなるものであるから、現代の住宅環境にあったものでかまわない。

大事なことは、仏壇の購入時期や安置する場所に関する迷信や俗信に惑わされないことだ。浄土真宗では、「仏壇を購入すると死者が出る」とか「仏壇と神棚を一緒の部屋にしてはいけない」「方角が悪い」「日の吉凶」などにとらわれない。

Q8 浄土真宗では仏壇に位牌を置かない!?

仏壇は仏をまつる場所であり、先祖や故人をまつる場所ではない。

浄土真宗では、仏壇に故人の位牌も置かず写真も飾らない。これは、故人をないがしろにしているのではなく、亡くなると同時に浄土に生まれると考えるからだ。

所属寺を通じて本山から本尊を受けたら、住職に「入仏法要」を依頼する。古い仏壇から本尊を移すことは「遷座法要《せんざ》」と呼ばれる。他宗では「御魂入《みたま》れ」「性根入《しようね》れ」などと呼ばれているが、浄土真宗では仏像に魂を入れる意味ではなく、阿弥陀仏をお迎えできたことを喜ぶ慶事とされる。

浄土真宗で仏壇に位牌を置かないのも、故人の霊が宿る場所という意識を持たれがちだからである。位牌はもともと、儒教の死者儀礼から用いられるようになったものである。浄土真宗では位牌を用いず、法名《ほうみよう》は過去帳（法名帳）や法名軸《じく》に書く。

仏壇を飾ることを「荘厳《しょうごん》」というが、本尊の前に花瓶《かひん》・香炉・ろうそく立ての三《みつ》具足《ぐそく》を置けば、立派な仏壇である（本願寺派と大谷派の例を次ページで紹介）。

花瓶には、生花をいけて礼拝者《らいはいしゃ》のほうに向けてそなえる。それは、花が咲き乱れる浄土の象徴であり、短い一生にもかかわらず精一杯に咲く花を通して、命の尊さを教えているのである。

ろうそくの灯《ひ》は、周囲を明るく照らす仏の智慧《ちえ》の光明《こうみょう》であり、温もりは仏の慈悲の光明である。慶事には赤いろうそく、平常時や弔事には白いろうそくを用いる。

香炉には抹香《まっこう》用の金香炉《かなこうろ》と線香用の土香炉《どこうろ》があるが、土香炉だけでもかまわない。線香は土香炉の大きさにあわせて折り、ろうそくで火をつけて横に寝かせて置く。香の芳《かぐわ》しい香りは、あまねくいきわたる仏の慈悲の象徴である。

仏具の形状にも浄土真宗各派で違いがある。たとえば、大谷派のろうそく立ては亀の上に載った鶴が蓮軸《れんじく》をくわえた形で「鶴亀燭台《つるかめしょくだい》」と呼ばれている。そして花瓶と燭台は、大谷派が真鍮《しんちゅう》製、本願寺派は銅に漆《うるし》を塗った宣徳《せんとく》製。土香炉はどちらも青《せい》磁《じ》だが、大谷派は透かし彫りだ。また、宗の紋章も異なる。

● 本願寺派のお内仏《ないぶつ》（仏壇）

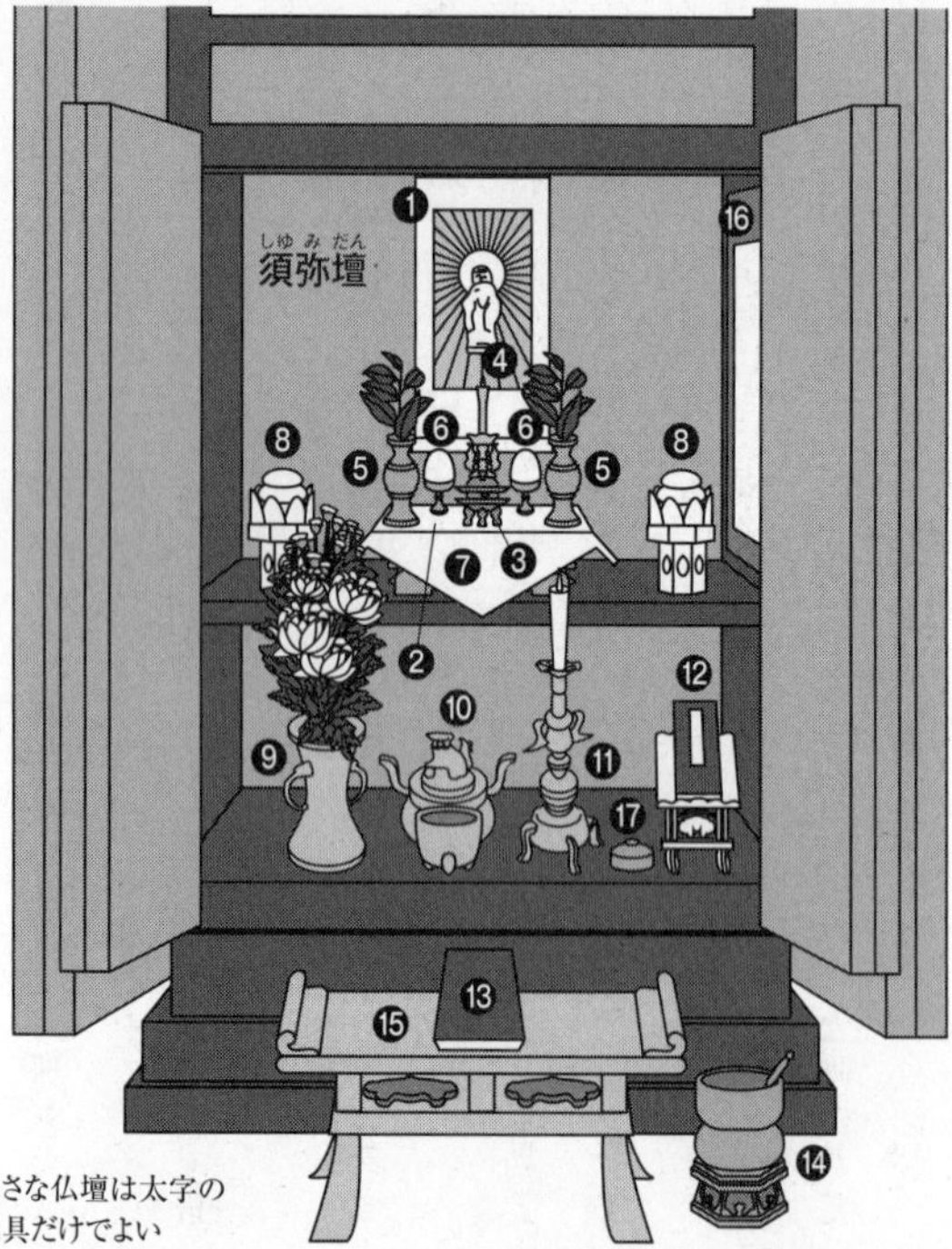

＊⓰の法名軸は内側側面に掛ける

＊小さな仏壇は太字の仏具だけでよい

❶本尊　❷上卓《うわじょく》　❸火舎《かしゃ》香炉　❹木蠟《もくろう》
❺華瓶《けびょう》　**❻仏飯《ぶっぱん》**　❼打敷《うちしき》　❽供笥《くげ》
❾花瓶《かひん》　**❿香炉**（奥に金香炉《かなこうろ》・手前に土香炉《どこうろ》）
⓫ろうそく立て　⓬過去帳
⓭聖典《せいてん》（経本）　**⓮リン**　⓯経机《きょうづくえ》
⓰法名軸《ほうみょうじく》　⓱香盒《こうごう》

❷上卓を上から見た図

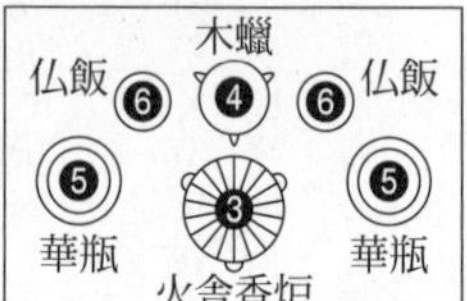

● 大谷派のお内仏《ないぶつ》(仏壇)

＊⑯の法名軸は内側側面に掛ける

＊小さな仏壇は太字の仏具だけでよい

❶本尊　❷上卓《うわじょく》　❸香盒《こうごう》
❹火舎《かしゃ》香炉　❺華瓶《けびょう》　**❻仏供《ぶく》**
❼打敷《うちしき》　❽供笥《くげ》　**❾花瓶《かひん》**
❿香炉(奥に金香炉《かなこうろ》・手前に土香炉《どこうろ》)
⓫鶴亀燭台《つるかめしょくだい》　⓬法名帳《ほうみょうちょう》　**⓭聖典《せいてん》**(経本)
⓮リン　⓯経机《きょうづくえ》　⓰法名軸《ほうみょうじく》

❷上卓を上から見た図

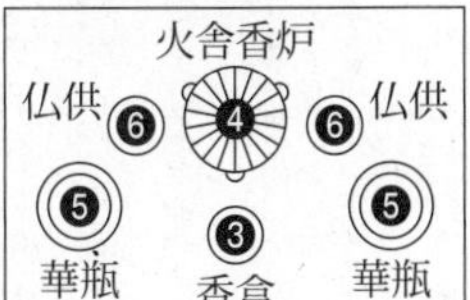

Q9

浄土真宗の仏壇には水も霊膳もおそなえしない!?

仏壇とおつとめ

浄土真宗門徒は、朝のおつとめの前に花瓶《かひん》の水をかえ、ろうそくを灯《とも》して線香をあげ、炊きたてのご飯を仏前にそなえる。本願寺派では「仏飯《ぶっぱん》」と呼んで蓮《はす》のつぼみの形に盛り、大谷派では「仏供《ぶく》」と呼んで盛槽《もっそう》という器具を使って蓮の実の形に盛る。

しかし、他宗のようにお茶や水をそなえることはしない。また、故人の命日やお盆、お彼岸、年回法要などに霊膳《れいぜん》（霊供膳《りょうぐぜん》）をそなえることもしない。その理由は門徒に「故人が飢えや渇きに苦しまないように」という意識を持たせないためだ。なぜなら極楽浄土には「八功徳水《はちくどくすい》」と呼ばれる清らかな水と百味《ひゃくみ》の飲食《おんじき》に恵まれていて、それを見て香りをかいだだけで満足すると、お経に書かれているからである。

浄土真宗で仏壇に水をそなえるときは、華瓶《けびょう》に香木である樒《しきみ》を挿して香水《こうずい》とする。その場合は上卓《うわじょく》を用いて、中央に火舎香炉《かしゃこうろ》、本願寺派ではその後ろに朱色に塗られた木蠟《もくろう》を立て大谷派では火舎香炉の手前に香盒《こうごう》を置き、左右に仏飯（仏供）と華瓶を配置して須弥壇《しゅみだん》にそなえる（92・93ページ参照）。須弥壇は仏が住む浄土を表している。これらは浄土の美しさを表す装飾なので、小さな仏壇では仏飯（仏供）だけでかまわない。そして、いただきものがあったときや特別な日に供物を「供笥《くげ》」という器に入れて左右にそなえる。

そして仏前で読経することを「おつとめ」という。浄土真宗のおつとめは、自力で善行《ぜんぎょう》を積んでその功徳を故人に振り向けるものではない。お経を読んで、自分自身が教えに親しむためである。仏壇の給仕が調ったら、合掌《がっしょう》して声に出して念仏をとなえ、礼拝《らいはい》する。そして経本を顔の前に両手で掲げてから読経を始める。リンを鳴らすのは読経のときだけだ。読経を終えたら、再び合掌して念仏、礼拝する。経本は「聖典《せいてん》」と呼んで大切に扱い、床や畳の上に直接置いてはいけない。

仏飯（仏供）はおつとめ後、正午までに下げて、そのおさがりは肉や魚を避けた精進料理でいただくのがよい。これは、戒律によって午後は食事をとらない修行僧の清らかな食生活にならって昔から続けられてきた、おくゆかしい慣習である。

仏壇とおつとめ

Q10 念珠(数珠)は何のためにあるのか?

蓮如《れんによ》は、「数珠《じゆず》の一連をも持たないでは仏を手づかみにしたようだ」と『御文章《ごぶんしょう》』(『御文《おふみ》』)で戒めている。仏前で礼拝《らいはい》する際に欠かせないのが数珠だ。浄土真宗では数珠を「念珠《ねんじゆ》」と呼んでいる。

古代インドでは、植物の実をつなぎ合わせて数を記憶するための道具として使っていた。それが仏教に取り入れられて、経文《きょうもん》や念仏の回数をかぞえたり、すり合わせて音を出したりすれば煩悩が消滅するなどといわれるようになった。日本にも仏教の伝来とともに伝わり、僧侶以外の人々が念珠を手にするようになったのは鎌倉時代以降である。浄土真宗では、仏前に礼拝するときの礼儀として用いるのみで、念仏の回数をかぞえたり、すり合わせて音を出したりはしない。

浄土真宗門徒は一般に、男性・女性ともに宗派を問わない略式の片手念珠を用いる。

● 念珠の作法（片手念珠）

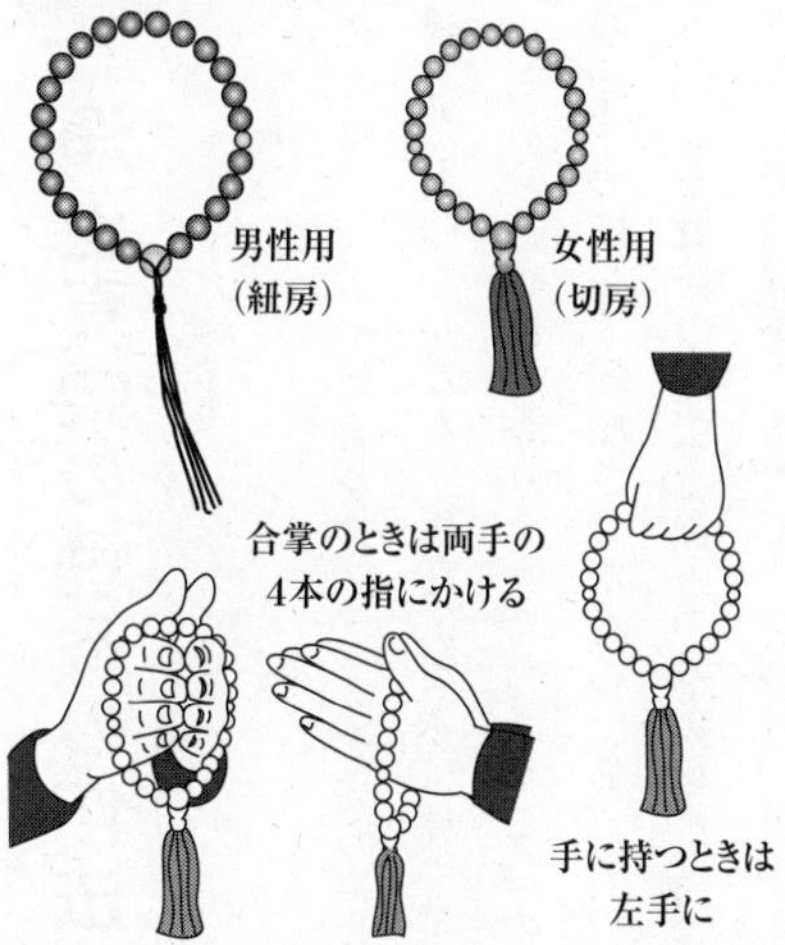

念珠の房の形状は、男性は紐房《ひもふさ》（打紐《うちひも》）、女性は切房《きりふさ》（撚房《よりふさ》）とされる（図参照）。

なお女性は、宗派共用の振分《ふりわけ》数珠、あるいは浄土真宗専用の門徒念珠を用いることもある。振分数珠は煩悩の数といわれる百八珠《たま》で、真言宗の正式念珠としてひろまり、八宗用ともいわれる。門徒念珠も基本的に百八珠で、房の部分に「蓮如結び」という蝶々《ちょうちょ》結びのような細工があるのが特徴だ。門徒念珠は、本願寺派と大谷派で合掌のときのかけ方が異なる。

片手念珠は房を下にして左手で持ち、合掌のときは両手の四本の指にかけて、親指で珠を押さえる。経本を持つときは、左手首にかけておく。振分数珠も、二重にして同様でかまわない。念珠は聖典と同様に、畳や床の上に直接置いてはいけない。

Q11 浄土真宗の焼香の作法を教えて

焼香とは、抹香《まっこう》や線香を焚《た》くことをいう。抹香は、古くは沈香《じんこう》や白檀《びゃくだん》などの香木を粉砕したものだったが、現在は香木に樒《しきみ》の葉や皮の粉末などを混ぜたものがよく使われている。線香は、香りを長持ちさせるために、粉末にした材料を練り合わせて棒状や渦巻き形にして乾燥させたものである。

抹香による焼香の作法や線香の本数などは、宗派によって多少違いがある。

浄土真宗では線香を折って火をつけ、香炉に寝かせる。これは、抹香を香炉の灰の表面に一列に並べて、その端に火をつける古来の様式にならったものだ。線香を何本に折るか、火がついたほうをどちらに向けるかといった決まりはない。宗派を問わず、線香はろうそくから火を移し、もう片方の手であおいで火を消すのがマナーだ。息をふきかけて火を消してはいけない。

葬儀や法事で参列者が一人ずつ焼香する際には、とくに作法が気になるものだ。他宗とのいちばんの違いは、浄土真宗では抹香を額《ひたい》におしいただかないことだ。焼香の回数は、本願寺派は一回、大谷派は二回である。だが作法が違う他宗の葬儀などでの焼香も、自分の宗派の作法でかまわない。

● 焼香の作法

①本尊に一礼
②抹香をつまんで
そのまま香炉へ
（本願寺派は1回、
大谷派は2回）
③念珠をかけて
合掌し、念仏
をとなえる

Q12 浄土真宗には戒名がない!?

「戒名《かいみょう》」とは、仏弟子（釈迦《しゃか》の弟子）となった証《あかし》として授けられる名前である。古来、仏弟子となるためには出家して戒律を守ることを誓う必要があった。そして、仏法を重んじる僧としての新たな名前が与えられるのである。これを「戒名」と呼んでいる。

しかし親鸞は、「戒律を守ることも厳しい修行をすることもできない凡夫《ぼんぶ》であっても、阿弥陀仏の救いを信じた瞬間に浄土往生が決まり、浄土で仏となれる」と説いた。したがって、浄土真宗では戒名ではなく、「法名」と呼ぶ。同宗では、戒律を授ける「授戒」、または戒律を受ける「受戒」ということがないからである。

浄土真宗の法名は、通常「釈《しゃく》○○」の三文字である。「釈」とは釈迦の弟子であることを示す。なお、女性は「釈尼〇〇」とする場合もあったが、現在ではともに「釈〇〇」としている。また、本山や所属寺の護持に貢献した門徒には「院号」が贈られる。他宗派のような居士《こじ》・大姉《だいし》・信士《しんじ》・信女《しんによ》などの位号はない。それは、故人の信仰心や生前の徳によって格付けするものだからだ。

法名も戒名も、現代ではお葬式のときに授かるのが一般的だが、本来は生前に仏弟子として生きていくことを誓い、授かるものである。浄土真宗では、本山などで行われる帰敬式《ききょうしき》（おかみそり）を受けて法名を授かる。帰敬式は、東西本願寺では原則として毎日行われており、おかみそりというのは親鸞の得度式《とくどしき》にならって刃のない剃《かみ》刀《そり》で髪を剃《そ》る作法を真似ることからそう呼ばれている。得度式とは、僧侶となって法名を授かるための儀式である。

親鸞は僧籍を剥奪されて越後に配流《はいる》になったのち、「愚禿釈親鸞《ぐとくしやくしんらん》」と名のった。それは、凡夫である自らに向き合いながら、ただ念仏者として生きていくということだった。

「釈親鸞」の法名以来、「釈」の文字を冠することが浄土真宗の伝統となっている。

Q13 浄土真宗のお葬式には清めの塩がない!?

浄土真宗の葬儀が他宗と決定的に違うのは、引導《いんどう》を渡したり、清めの塩をしたりしない点だ。

「引導を渡す」とは、僧侶が棺《ひつぎ》の前で経文《きょうもん》をとなえ、宗派によって所作は異なるが、迷いの存在である死者の霊が成仏できるように導く儀式である。引導とは本来、生きている人間に対して仏法を説き、仏道に導くことで迷いを断ち切ることを意味していたが、やがて死者への手向《たむ》けの儀式となった。

また、他宗の葬儀に参列すると、会葬礼状に「清めの塩」がよく添えられている。これは、死のけがれを家の中に持ち込まないように、玄関先で塩を体や足元に振りかけて清めるためのものとされる。力士が土俵を清める意味で塩を撒くのと同じだ。清めの塩はもともと、死をけがれとする神道《しんとう》の習俗であり、仏教とは関係がない。なぜなら仏教は、生老病死《しょうろうびょうし》は避けられないものとして、生きる道を説く教えだからである。浄土真宗の葬儀は死を忌《い》み嫌う迷信を排除して行われるため、さまざまなところで他宗と違う点がある。

たとえば、他宗では遺体の枕元に、枕団子《まくらだんご》や一本箸《いっぽんばし》を立てた枕飯《まくらめし》などの枕飾りを置いたり、屏風《びょうぶ》を逆さにして立てたり、掛け布団を上下逆にかけたり、浴衣《ゆかた》の袷《あわせ》を逆にしたり、魔除けとして守り刀を布団の上に置いたりするが、浄土真宗ではそのようなことはしない。平時同様、遺体の手前に本尊をまつり、焼香卓《しょうこうじょく》を設置する。できれば住職に臨終勤行《りんじゅうごんぎょう》（枕づとめ）を頼むとよい。

納棺の際も、冥土《めいど》の旅仕度《じたく》として死装束《しにしょうぞく》を着せたり、三途《さんず》の川を渡るための六文《ろくもん》銭《せん》を持たせたりしない。ただし、浄土真宗では故人の手に念珠を持たせ、棺に「南無阿弥陀仏」と書かれた納棺尊号（棺書《かんじょ》）を入れる。これは、棺を見送るときも阿弥陀仏に礼拝《らいはい》できるようにである。葬儀で焼香するときには、棺や香炉に向かっておじぎをするのではなく、本尊に対して礼拝するものである。「友引」など日の吉凶をいったり、出棺の際に茶碗を割ったり、火葬場の往復の道順を変えたりすることもしない。

Q14 浄土真宗の香典の表書きを「御仏前」とするのはなぜ？

葬儀と法事

他宗では一般に通夜や葬儀の香典《こうでん》の表書きは「御霊前《ごれいぜん》」と書き、四十九日忌以降は「御仏前《ごぶつぜん》」とする。だが、浄土真宗では「御霊前」と書くことはない。その理由はやはり、故人は亡くなると同時に浄土に往生し、成仏したと考えるからである。

四十九日忌のいわれを紹介しよう。古来、死者は霊となって四十九日間の「冥土の旅」をして、次に生まれる世界が決まるといわれてきた。死者は生前の行いによって七日ごとに裁きを受け、最後の七回目の裁判において六道輪廻《ろくどうりんね》する（地獄《じごく》道《どう》・餓鬼《がき》道《どう》・畜生道《ちくしょうどう》・修羅道《しゅらどう》・人間道《にんげんどう》・天道《てんどう》のいずれかへ生まれ変わること）というものだが、釈迦は六道輪廻することのない浄土へ生まれる方法を説いた。

冥土の旅はまず、「死出《しで》の山」を七日間かけて越えねばならない。亡くなった日から《ら》かぞえて七日目を「初七日《しょなのか》」といい、死者は秦広王《しんこうおう》（不動明王《ふどうみょうおう》）により最初の裁判が行われる。その後、「三途《さんず》の川」を渡る。川を渡ると奪衣婆《だつえば》と懸衣翁《けんえおう》に服をはぎ取られ、衣領樹《えりようじゅ》の枝に掛けられる。これにより生前の罪の重さがはかられる。

二七日《ふたなのか》（十四日目）には初江王《しよこうおう》（釈迦如来《しやかによらい》）に生前の無意味な殺生《せつしよう》を裁かれる。三七日《みなのか》（二十一日目）には宋帝王《そうたいおう》（文殊師利菩薩《もんじゆしりぼさつ》）に生前の邪淫《じやいん》を裁かれる。四七日《よなのか》（二十八日目）には伍官王《ごかんおう》（普賢菩薩《ふげんぼさつ》）に生前の言動を裁かれる。五七日《いつなのか》（三十五日目）には閻魔王《えんまおう》（地蔵菩薩《じぞうぼさつ》）が浄玻璃鏡《じようはりのかがみ》に生前の悪行《あくぎよう》を映し出し、このときに嘘《うそ》をつけば舌を抜かれる。六七日《むなのか》（四十二日目）には変成王《へんじようおう》（弥勒菩薩《みろくぼさつ》）に伍官王と閻魔王の裁判が適切であるか審査される。そして七七日《なななのか》（四十九日目）に泰山王《たいせんおう》（薬師《やくし》如来《によらい》）によって最終的な判決が下る。それは死者が目の前に並ぶ六つの門のひとつを自分の判断で選んでくぐるのだが、どの門が六道のどの世界につながっているかはわからない。選択も生前につくった業《ごう》（善悪の行い）により、まさに因果応報《いんがおうほう》である。

そこで他宗では、追善供養として七日ごとに法要を営み、四十九日忌を「忌明《きあ》け」とし、ようやく成仏できたとする。浄土真宗でも、人間の死と生を深く考える期間として四十九日間を「中陰《ちゆういん》」と呼び、四十九日目の満中陰《まんちゆういん》まで七回の法要を行う。

Q15

浄土真宗の仏事は故人や先祖への「追善供養」ではない!?

葬儀と法事

『歎異抄《たんにしょう》』第五条に「親鸞は父母《ぶも》の孝養《きょうよう》のためとて、一返《いっぺん》にても念仏申したること、いまだ候《そうら》はず」とあるように、浄土真宗の仏事は追善供養や回向《えこう》ではない。孝養とは亡き親への孝行として供養すること、つまり親鸞は、追善供養として念仏をとなえるのではないといっているのである。回向とは一般に、自分が積んだ善行《ぜんぎょう》の功徳を他に振り向けることをいうが、浄土真宗でいう回向は、すべて仏のはからいである（120ページ参照）。

浄土真宗では葬儀を、故人をしのんで遺族や知人・友人が集い、人生の無常の思いを新たにし、他力の教えを聞く仏縁としてとらえている。その後の満中陰《まんちゅういん》（四十九日）までの法要、一般に「法事」と呼ばれる一周忌や三回忌などの法要も、故人や先祖の命日を縁として自分自身が念仏に親しむ大切な機会である。

故人が亡くなった同月同日を「祥月命日《しょうつきめいにち》」、毎月の命日を「月忌《がっき》」という。法事の日程は祥月命日に合わせ、「命日を過ぎてはいけない」とよくいわれるが、日を遅らせて近くの休日にしてもかまわない。より多くの人と仏縁が結ばれるからだ。

亡くなった翌年が一周忌、その後は亡くなった年を一としてかぞえて二年目が三回忌、六年目が七回忌、十二年目が十三回忌、十六年目が十七回忌、二十四年目が二十五回忌、三十二年目が三十三回忌、四十九年目に五十回忌となる。地方によっては、二十五回忌を二十三回忌や二十七回忌にしたり、三十七回忌、四十三回忌、四十七回忌などをつとめることもある。

他宗では三十三回忌を弔《とむら》い上《あ》げとし、以後の法要を省略することが多いようだが、浄土真宗では自分の大切な人の法要として続けられるかぎり行うことをすすめている。また、法事に当たらない祥月命日や月忌に、所属寺の住職に読経を依頼するのもよいことである。

生きている人は故人の浄土往生を仏縁として他力の教えを聞き、念仏をとなえ、よりよい毎日を送ることだ。それが本当の意味で先祖や故人に報いることになる。

Q16 浄土真宗のお墓には卒塔婆を立てない!?

お墓

「卒塔婆《そとば》」とは、他宗のお墓に見られる、故人の供養のために墓石の後ろに立てられた細長い板のことである。板の上方左右に四つの刻みを入れ、表裏に経文《きようもん》・戒名（法名）・没年月日などが記されている。板塔婆《いたとうば》ともいう。

卒塔婆は、梵語《ぼんご》のストゥーパを漢語で音写したものだ。塔婆《とうば》とも略し、もとは仏舎利《ぶつしやり》（釈迦《しやか》の遺骨）を安置するための建築物を意味した。

釈迦の死後、遺体は火葬され、遺骨は八等分されて周辺部族が塚にまつった。これがストゥーパである。その後、インドを統一したアショーカ王は敬虔《けいけん》な仏教徒で、全土の仏舎利を発掘して内外の寺院に配布した。そして周辺諸国にも円錐形《えんすいけい》の仏舎利塔が建てられた。仏教が中国に伝わると、多くの僧がインドやタイに赴《おもむ》き、宝石類を仏舎利と称して持ち帰り、多層の中国様式の仏塔にまつるようになった。

それが日本に伝わって三重塔や五重塔となった。『日本書紀』には推古《すいこ》天皇の時代の五九三年に「仏の舎利を以て、法興寺の刹《せつ》（塔）の柱の礎《いしずえ》の中に置く」とある。法興寺は飛鳥寺《あすかでら》とも呼ばれ、五八八年に百済《くだら》から仏舎利が献じられたことにより蘇我《そがの》馬子《うまこ》が寺院建立を発願《ほつがん》し創建された日本初の本格的な寺院である。仏塔を中心に東・西・北の三方に金堂を配し、その外側に回廊をめぐらした伽藍《がらん》が五九六年に完成したという。

仏塔は木造建築物から五輪塔などの小型の石塔となり、さらに五輪塔の形を模して板に刻みを入れた卒塔婆がお墓に立てられるようになったといわれる。

しかし、浄土真宗では卒塔婆を立てない。なぜなら、仏舎利といえども偶像崇拝は釈迦の本意ではないと考えるからである。

『涅槃経《ねはんぎょう》』に、釈迦は最期の言葉として「すべてのものには必ず終わりがある。私の亡き後は私の遺した教えが皆のよりどころである。怠らず努めよ」と語ったとある。これは「絶対的な神のような存在があるわけではなく、この世は原因と結果が絡まり合ってできている、この真実を見つめよ」という、皆への最後の教えだ。

Q17

本山に分骨するのが門徒のならわし

お墓

浄土真宗門徒は、お骨の一部を分骨して本山に納骨する風習がある。

分骨の風習は古く、前項で紹介したとおり、釈迦《しゃか》の死を悲しみ遺徳をしのんで周辺の八つの部族が遺骨を分け合ってまつったことに始まっている。

本願寺はもともと、親鸞の遺骨を安置した大谷廟堂から始まった（134ページ参照）。なお、関東の高弟も親鸞の遺骨を抱いて帰っている。稲田禅房西念寺《いなだぜんぼうさいねんじ》の二代教念《きょうねん》が建てた廟所《びょうしょ》（御頂骨堂《ごちょうこつどう》）が最も古く、親鸞の死後三カ月目に建てられたと伝わる。

また、高田派の本寺専修寺《せんじゅじ》の境内には三代の顕智《けんち》が納骨した廟所がある。

以来、浄土真宗では浄土に生まれる幸せを親鸞とともにしたいという思いから、門徒も本山の納骨堂に分骨するならわしとなったのである。

本願寺派の門徒は京都市東山区五条橋東の大谷本廟《ほんびょう》（西大谷《にしおおたに》）に、大谷派の門徒は京都市東山区円山町《まるやまちょう》の大谷祖廟《そびょう》（東大谷《ひがしおおたに》）に納骨する。または所属寺の納骨堂に納めることもある。

浄土真宗の盛んな地域には、「念仏者は皆、平等」という親鸞の教えから、競って立派なお墓をたてることは地域の均衡を崩すと考えて、現在もお墓がない集落が存在するという。

浄土真宗の墓石の正面には「南無阿弥陀仏《なも(む)あみだぶつ》」の六字名号、あるいは「倶会一処《くえいっしょ》」という文字を刻むことが多い。

倶会一処とは、『阿弥陀経』の経文《きょうもん》から取ったもので、先に亡くなってこの世で別れ別れになっても阿弥陀仏の浄土でともに会えるという意味である。

中国に浄土教をひろめた高僧・曇鸞《どんらん》は、「念仏の道は一本道であり、別の道はないのだから、念仏を喜ぶ者は皆、浄土に生まれる兄弟である」と教えている。

Q18

浄土真宗でいちばん大切な行事「報恩講」とは?

お寺の行事

宗祖・親鸞の命日に営まれる「報恩講《ほうおんこう》」が浄土真宗のお寺の最大行事だ。本山に僧侶や門徒が集い、親鸞の遺徳を讃え、念仏の思いを新たにする。

親鸞が亡くなったのは弘長《こうちょう》二年十一月二十八日、新暦では一二六三年一月十六日にあたる。報恩講が営まれる日にちは浄土真宗各派で違う(表参照)。

とくに本山の行事を「御正忌《ごしょうき》報恩講」と呼び、一般寺院では、それに先がけておつとめされるので「お取越《とりこし》」「お引き上げ」と呼ばれる。また、精進料理の膳(お斎《とき》)が出されるところもあり、「ほんこさん」「おこうさん」と親しみを込めて呼ばれている。

報恩講の始まりは、親鸞のひ孫の覚如《かくによ》が『報恩講式』を著した永仁《えいにん》二年(一二九四)とされる。この年は親鸞の三十三回忌にあたる。

親鸞の時代には師・法然の月命日である二十五日に念仏の集会《しゆえ》がもたれていたが、

親鸞没後は二十八日に行われるようになった。この集まりを「講」といい、講式とは本来、講を行うに際しての式次第であり、覚如がまとめたものが『報恩講式』である。

翌年（一二九五）、覚如は『親鸞聖人伝絵《しんらんしょうにんでんね》』を制作し、報恩講で解説されるようになった。また、大谷派の報恩講の最終日に、上半身を前後左右に激しく動かしながら念仏をとなえる「坂東曲《ばんどうぶし》」は、親鸞が関東時代に行っていたものといわれている。

覚如が生まれたのは、親鸞が亡くなって八年後であり、親鸞から直接教えを受けていない。覚如は親鸞の初孫の如信《にょしん》（善鸞《ぜんらん》の子）から教えを受け、如信を本願寺二代とし、自ら三代を名のった。如信は京都で生まれ、成人して奥州で布教していた。親鸞の死に目には会えなかったが祥月命日には毎年必ず上洛し、七日間の念仏法要をつとめていたという。如信は正安《しょうあん》元年（一二九九）に報恩講をつとめたのち、帰途の金沢《かねさわ》（茨城県久慈《くじ》郡大子町《だいごまち》）で病に臥《ふ》し、翌年一月に六十六歳で亡くなった。

●浄土真宗各派本山の報恩講の日程

本願寺派	1月 9日～16日	高田派	1月 9日～16日
大谷派	11月21日～28日	木辺派	11月21日～28日
興正派	11月21日～28日	佛光寺派	11月21日～28日
三門徒派	11月21日～28日	誠照寺派	11月21日～28日
山元派	11月21日～28日	出雲路派	11月22日～28日

Q19 「永代経」って何?「お布施」は何のため?

「永代経《えいたいきょう》」とは、お経の名前ではない。子や孫が代々にわたって末長く念仏の教えが続くよう願っておつとめすることである。

「永代経法要」とも呼ばれるが、自分の死後、お墓や位牌の供養を頼む意味の「永代供養」とは違う。浄土真宗の永代経法要は、他宗のように故人のために追善供養するものではない。自分自身が念仏の教えを聞く機会であり、子孫に念仏の教えを伝えるものである。

本山では毎日、一般寺院では年に一、二回、永代経法要が営まれている。法要に参列する際に納める「永代経懇志《こんし》」は、教団の維持やお寺の修復などにあてられる。

浄土真宗は他宗にくらべて観光寺が圧倒的に少ない。それは、お寺が仏の教えを聞く聞法《もんぼう》の場であることを第一としているからだ。本山や別院では布教使による法話が定期的に行われており、誰でも聴聞することができる。読経や法話は仏の教えを聞くものであり、布施《ふせ》（懇志）は仏への感謝としてそなえるものである。

本来、布施とは仏道修行のひとつで、自分ができることを他者に施すことである。僧侶が教えを説く「法施《ほうせ》」、教えが末長く伝えられていくように教団や所属寺のために財貨を施す「財施《ざいせ》」のほかに、笑顔や親切な心で対応することで相手の不安や畏《おそ》れの気持ちを取り除くことも「無畏施《むいせ》」と呼ばれる布施である。

また、無畏施の中に「無財の七施《むざいのしちせ》」がある。①慈眼施《じげんせ》（優しいまなざしで接すること）、②和顔施《わがんせ》（穏やかな表情で接すること）、③愛語施《あいごせ》（思いやりのある言葉を与えること）、④捨身施《しゃしんせ》（自分の体を使って奉仕すること）、⑤心慮施《しんりょせ》（真心《まごころ》を込めて行うこと）、⑥床座施《しょうざせ》（席を譲ること）、⑦房舎施《ぼうしゃせ》（雨露をしのぐ場を提供すること）だ。

布施は、梵語《ぼんご》でダーナといい、漢語で檀那《だんな》（旦那）と音写される。法施をいただく檀那寺《だんなでら》に対して、財施を行う関係にあるのが檀家《だんか》だ。ちなみに他宗では檀那寺を「菩提寺《ぼだいじ》」と呼ぶが、「菩提を弔うお寺＝故人の冥福を祈って追善供養をするお寺」の意味であるため、浄土真宗では「所属寺」「手つぎ寺」などと呼ぶ。

Q20

浄土真宗の門徒は人生の節目にお寺へ行く!?

門徒の常識

浄土真宗のお寺は、念仏の教えを聞く道場から始まったものだ。現在でも、富山県の「合掌造りの里」として知られる五箇山《ごかやま》地域では、蓮如《れんにょ》が布教していた当時の念仏道場の姿が見られる。

五箇山には、蓮如の高弟の赤尾道宗《あかおのどうしゅう》が開いた行徳寺《ぎょうとくじ》（南砺《なんと》市西赤尾町）などがある。信仰の篤《あつ》い念仏者となった五箇山の人々は各集落にいくつも念仏道場を設け、戦前までその活動は続けられていたという。当初は内《ない》道場といって、念仏者の家に人々が集まり、本尊の名号《みょうごう》を掛けただけだった。そして、規模は他の民家とさほど変わらないものの、専用の念仏道場として屋根は入母屋《いりもや》で正面には向拝《こうはい》、内部には内陣や外陣《げじん》が設けられるようになり、寺院に発展していった。浄土真宗の寺院建築は、多くの人がお参りできるように外陣の畳の間《ま》が広いのが特徴だ。

五箇山《ごかやま》の寿川《すがわ》念仏道場（富山県南砺市）。見学は外観のみで内部の公開はされていない（写真提供・南砺市役所観光課）

浄土真宗のお寺は近寄りがたいところではない。結婚、子供の誕生、入学、卒業、成人、就職など、人生の節目に仏縁を結んで念仏者となり、よりよい人生を歩むために冠婚葬祭の際にはいつでも門戸が開かれている。

浄土真宗の仏前結婚式は、縁あってめぐり合い結ばれた二人の精神的基盤となるものである。子供が生まれたら、神社へお宮参りに行くのではなく、「初参《しょさん》式《しき》」といってわが子の人生の支えとなってくれる阿弥陀仏にお参りする。また、お彼岸やお盆にお寺にお墓参りに行ったら、まず本堂にお参りしたい。

Q21 浄土真宗のお坊さんは頭を剃らなくていい!?

僧侶はなぜ剃髪《ていはつ》するのだろうか――。それは釈迦《しやか》がそうしていたからである。古代インドでは、髪を剃《そ》ることは罪を犯した者への刑罰のひとつだった。釈迦は出家したとき、自身がさとりを得るために修行の妨げになるものはすべて捨て去った。髪も世俗との決別の決意の表れだったのだろう。

浄土真宗の僧侶は、僧侶として法名を授かる得度式《とくどしき》は剃髪して受けるが、その後は髪の毛のある状態（有髪《うはつ》という）を一般的なスタイルとしている。これは、九歳のときに天台宗の青蓮院《しょうれんいん》で得度し、流罪後、「愚禿《ぐとく》」と名のった宗祖・親鸞にならったものである。親鸞は有髪姿で〝非僧非俗《ひそうひぞく》〟を示し、誰もが阿弥陀仏に救われる在家仏教を説いたのである。だから浄土真宗の僧侶には、禅宗のように四と九のつく日に頭を剃るといった規則はない。

親鸞が肉食妻帯《にくじきさいたい》の破戒僧であったことは有名だが、正式に僧侶に肉食・妻帯・蓄髪《ちくはつ》（有髪）が許されたのは明治五年（一八七二）のこと。それまでは、僧侶は戒律（自ら守るべき戒めや教団を統率するための規則）を守ることが当然とされていた。戒律を破れば、僧籍を剝奪されるなどの罰を受けたのである。

たとえば、基本的な戒律として「五戒」がある。①不殺生戒《ふせっしょうかい》（生きものを殺さない）、②不邪淫戒《ふじゃいんかい》（乱れた性関係をもたない）、③不偸盗戒《ふちゅうとうかい》（ものを盗まない）、④不妄語戒《ふもうごかい》（嘘《うそ》をつかない）、⑤不飲酒戒《ふおんじゅかい》（酒を飲まない）といったものだ。

これら五戒は、仏教徒としてよりよく生きるためのものだ。他宗では在家信者に対しても授戒会《じゅかいえ》で授けられる。そして受戒した者は、仏弟子になった証《あかし》として戒名《かいみょう》（法名）が授けられるのである。

浄土真宗では、人間は自力で戒律など守れない弱い存在であると考えるため、そもそも授戒を必要としない。そのため、他宗の授戒会に相当する、浄土真宗の門徒として仏教に帰依《きえ》することを誓う儀式を「帰敬式《ききょうしき》」という。親鸞が受けた得度式にならって頭に剃刀《かみそり》を当てる真似をするから「おかみそり」とも呼ばれ、法名が授けられる。

門徒の常識

Q22 そもそも「浄土往生」って、どういうこと？

「浄土往生」とは、この世の命を終えたら阿弥陀仏のつくった極楽浄土に生まれ変わることである。この世が迷いの世界だとすれば、極楽浄土は一切の苦しみから解放された〝さとりの世界〟である。つまり、浄土往生すれば、誰もがさとりを開いて仏になるということである。

親鸞は、阿弥陀仏の救いを疑いなく信じた瞬間に、浄土往生する仲間（正定聚《しょうじょうじゅ》）と定まり、決して後戻りをすることはないといっている。それはつまり、浄土往生が約束されていれば、この世を幸せに生きられるということである。だから人々は浄土に往生したいと願うわけである。

親鸞は著書『教行信証《きょうぎょうしんしょう》』の第一巻「教巻」の冒頭で次のように述べている。

「つつしんで浄土真宗を案ずるに、二種の回向《えこう》あり。一つには往相《おうそう》、二つには還相《げんそう》なり。往相の回向について教行信証あり」

親鸞は、浄土の真の教えを考えると二つの回向があるという。往相回向（＝阿弥陀仏の救いによって誰もが浄土に往生できること）と、還相回向（＝浄土往生したならば今度は自分が仏となってこの世に戻り、迷える人々を浄土に往生させること）である。そして往相回向、つまり浄土往生について解き明かしたのが『教行信証』なのである。

二つの回向については、親鸞が最重要視する『無量寿経』にも説かれている。阿弥陀仏の四十八願（本願）の根本である第十八願「至心信楽《ししんしんぎょう》の願《がん》」（念仏往生の願）であり、第二十二願の「還相回向の願」である。阿弥陀仏がなぜ、第二十二願を立てて皆が浄土往生して成仏してほしいと願ったのかといえば、迷いの世界にある人々をより早く救いたいからといえるだろう。

浄土真宗でいう「回向」とは、すべて阿弥陀仏の本願力によるものだ。

浄土真宗では、亡くなった人は浄土で仏となって人々を見守っていると考えるから、冥福《めいふく》（死後の幸せ）を祈ることも追善供養もしないのである。

Q23

念仏者が得られる十種の御利益とは？

門徒の常識

浄土往生の教えは現世に御利益《ごりやく》はないのではないかと思われがちだ。事実、平安時代の浄土信仰では、臨終のときに念仏をとなえて阿弥陀仏にお迎えに来ていただくという考え方が主流だった。しかし、親鸞は『浄土和讃《じょうどわさん》』に「一切の功徳にすぐれたる　南無阿弥陀仏をとなふれば　三世《さんぜ》の重障《じゅうしょう》みなながら　かならず転じて軽微《きょうみ》なり」と詠んでいる。「念仏をとなえれば、過去・現在・未来において障害に感じられていた問題が皆ささいなことに思えてくる」という意味である。

つまり、現実として問題がなくなるわけではないが、今までとは違う心持ちでものごとを受け容れられるということだ。浄土往生が定まった者（正定聚《しょうじょうじゅ》）は、安心感を持って明るくその後の人生を送れる、それが念仏の最大の現世利益である。

親鸞によれば、念仏者に恵まれる現世利益は十種あるとされている（左図参照）。

● 親鸞が説いた念仏者に恵まれる十種の現世利益

1	冥衆護持《みょうしゅごじ》の益《やく》	▼目に見えない尊い方々に護《まも》られる
2	至徳具足《しとくぐそく》の益	▼このうえない功徳がそなわる
3	転悪成善《てんあくじょうぜん》の益	▼悪も転じて善となる
4	諸仏護念《しょぶつごねん》の益	▼諸仏に護られる
5	諸仏称讃《しょぶつしょうさん》の益	▼諸仏にほめたたえられる
6	心光常護《しんこうじょうご》の益	▼阿弥陀仏の光明《こうみょう》につつまれ、護られる
7	心多歓喜《しんたかんぎ》の益	▼心が喜びに満たされる
8	知恩報徳《ちおんほうとく》の益	▼阿弥陀仏への報恩感謝の生活となる
9	常行大悲《じょうぎょうだいひ》の益	▼阿弥陀仏の慈悲を感じ、念仏の心が湧いてくる
10	入正定聚《にゅうしょうじょうじゅ》の益	▼浄土往生が定まった身になれる

（『教行信証』信巻より）

Q24 浄土真宗では「冥福を祈る」とはいわない!?

「冥福《めいふく》を祈る」とは、冥土（死後の世界）の幸福を願うことである。これは、前述の「冥土の旅」の思想（104ページ参照）によるもので、浄土真宗の教えに反している。

また、親鸞が「かなしきかなや道俗《どうぞく》の　良時・吉日《きちにち》えらばしめ　天神《てんじん》・地祇《じぎ》をあがめつつ　卜占祭祀《ぼくせんさいし》つとめとす」（悲しいことに僧侶も俗人も日時の良し悪しをいい、仏様以外のさまざまな神々を崇《あが》めて、占いや祈禱《きとう》ばかりを頼りにしている）と『正像末《しょうぞうまつ》和讃』に詠《よ》んでいるように、浄土真宗門徒は迷信や占いなどに惑わされてはいけない。

葬儀や法事などで世間一般に使われている言葉やあいさつであっても、浄土真宗門徒にふさわしくないものがあるので知っておきたい。「天国」はキリスト教やイスラム教の言葉であり、「泉下《せんか》」や「隠れる」は神道《しんとう》の言葉である。浄土真宗では、故人は浄土往生し成仏していると考えるので「成仏してください」ともいわない。

●浄土真宗門徒らしい言葉づかい

×		○
×祈る	↓	○念ずる、願う
×霊、御霊《みたま》、魂	↓	○故人
×御霊前《ごれいぜん》	↓	○御仏前《ごぶつぜん》
×戒名	↓	○法名
×天国	↓	○浄土、み仏の国
×草《くさ》葉《ば》の陰、冥《めい》土《ど》	↓	○浄土、み仏の国
×永眠、安らかに眠る	↓	○浄土から見守り導く
×昇天《しょうてん》、天に召される	↓	○往生する
×泉《せん》下《か》、お隠れになる	↓	○往生する
×冥福《めいふく》を祈る	↓	○お悔やみ申し上げる、哀悼の意を表す
×追善供養	↓	○追悼法要

もっと知りたい浄土真宗②

お坊さんの袈裟は どうなっているの?

僧侶が身につける衣装を「袈裟《けさ》」という。古代インドの釈迦の時代、出家修行者は捨てられた布を継ぎ合わせて着用していたことから「糞掃衣《ふんぞうえ》」とも呼ばれる。ここから布を縫い合わせて袈裟が作られるようになった。

袈裟には、七条袈裟《しちじょうげさ》、五条袈裟《ごじょうげさ》、輪袈裟《わげさ》などがある。小さな布を縦一列につないだものを「一条」とかぞえ、それを横につないで一枚の袈裟となる。条の数が多いほど格が高い。浄土真宗では、七条袈裟を礼装として正式な儀式や、葬儀で導師をつとめる際に着用する。一般の法要で着用する五条袈裟には「威儀《いぎ》」と呼ばれる紐《ひも》がついている。左肩にかける大威儀《おおいぎ》の長さで位置を調整し、正しく着用することから「威儀を正す」という言葉が生まれた。輪袈裟は一つの輪に仕立てたもので、法要以外のときに首にかける。

五条袈裟

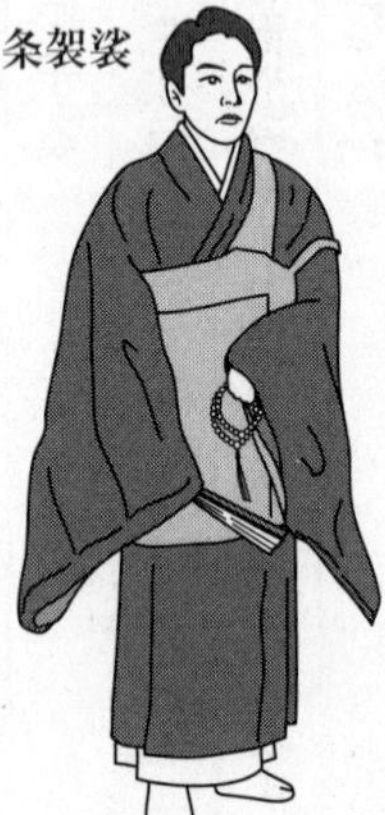

第3章

日本史の中の浄土真宗

第3章

早わかり浄土真宗❸

親鸞以降の浄土真宗史

浄土真宗各派は、元仁《げんにん》元年（一二二四）を立教開宗年と定めている。

親鸞は〝非僧非俗《ひそうひぞく》〟を貫き、教団をつくろうとしたことも、一寺を建てることもなかった。つまり、実際には親鸞が開宗した年は存在しない。のちに、根本聖《せい》典《てん》である『教行信証《きょうぎょうしんしょう》』を書きはじめた年を立教開宗年と定めたのである。

親鸞没後の浄土真宗は、親鸞の廟所《びょうしょ》（墓所）をめぐる問題から始まった。当初は、廟所を守る親族と、それを支える関東布教時代の門弟たちという構図ができた。しかし、親族による後継者争い、そして廟所を「本願寺《ほんがんじ》」として寺院化するという行動に対し、関東の門弟たちはそれを受け入れず独自の教団づくりをしていくようになった。

鎌倉末期から南北朝を経て室町後期までの百年余りは、本願寺にとって衰退期となった。一方で、京都の佛光寺《ぶっこうじ》や、門弟たちが興した教団は各地で発展した。

本願寺の衰退を救ったのが、第1章でその活躍ぶりを紹介した蓮如《れんにょ》である。蓮如が率いる本願寺は巨大化が著しく、領主をも脅かす勢力となった。

戦国時代にはついに武力行動を起こすようになり、各地で一向一揆《いっこういっき》が勃発した。信長勢と戦って実質的には敗れた石山合戦《いしやまかっせん》（一五七〇～一五八〇）はその最大の戦いである。

こうした寺院の武力行動は戦国時代の終焉《しゅうえん》とともに沈静化した。安土・桃山時代から江戸時代初期には、本願寺の東西分立という大きな出来事があった。

そして江戸幕府の宗教政策によって「檀家《だんか》制度」が確立し、仏教寺院は経済的に保障されるものの、自由な布教活動には監視の目が向けられた。とくに結束力のある浄土真宗に対しては反乱を恐れ、念仏を禁止する藩も現れた。

明治になると「廃仏毀釈《はいぶつきしゃく》」により仏教界全体が大きな痛手を被ったが、本願寺派（西本願寺）の僧侶、島地黙雷《しまじもくらい》の明治政府への提言によって「信教自由令」が発布され、仏教界は立ち直った。

その後の浄土真宗は、北海道開拓や海外への伝道、そして学校制度の整備などを精力的に進め、わが国屈指の仏教宗派となっている。

Q1

親鸞のおもな弟子は何人いるの？

鎌倉時代

「親鸞は弟子一人《いちにん》ももたず候《そうろ》ふ」

関東布教時代に親鸞に仕えていた唯円《ゆいえん》が、師の言葉をまとめたとされる『歎異《たんに》抄《しょう》』第六条にある一説である。実際に親鸞は、教えを説いた門徒たちを「ともに阿《あ》弥陀仏《みだぶつ》に救われる仲間」という意味から「御同朋《おんどうぼう》」「御同行《おんどうぎょう》」と敬《うやま》い、老若男女、貴《き》賤《せん》の区別なく膝を交えて接した。

それでも、親鸞を師と慕う門徒たちの中からリーダーとなる有力門弟が出てきて、それがやがていくつもの念仏者集団を形成するようになった。親鸞の門弟には武士も多く、彼らがリーダーとなるケースもあったようだ。

こうした親鸞の門弟を知る史料には、『親鸞聖人門侶交名牒《もんりよきょうみょうちょう》』『二十四輩牒《にじゅうよはいちょう》』などがある。これらは、親鸞から直接教えを受けたいわゆる直弟子《じきでし》名簿である。

なかでも「関東二十四輩」（182・183ページ参照）と呼ばれる二十四人の高弟たちは、関東における真宗教団の礎《いしずえ》を築いた。この二十四人は親鸞が決めたものではなく、後世になってから選定されたようだ。選定者については諸説あり、親鸞の孫の如信《にょしん》（善鸞《ぜんらん》の子。一二三五〜一三〇〇）が選んだとする説、本願寺三代覚如《かくにょ》（親鸞のひ孫。一二七一〜一三五一）が選んだとする説などがある。ちなみに、二十四輩を「にじゅうしはい」と読まないのは、覚如が著した『改邪鈔《がいじゃしょう》』には「二十余輩」とあり、二十四人と定まった人数を示したものではなかったことからのようだ。

関東二十四輩寺院は、宗祖・親鸞ゆかりのお寺として尊ばれ、江戸時代になると、『二十四輩順拝図会《じゅんぱいずえ》』などが出版されて浄土真宗門徒の旧跡巡拝地となった。現在は茨城県を中心に四十三カ寺あり、参詣者が訪れている。

また、二十四輩という直弟子のくくり方のほかに、六人の高弟をあげて「六老僧《ろくろうそう》」と呼ぶ史料もある。その六老僧の一人として名を連ねる明空《みょうくう》が開いた光明寺《こうみょうじ》（茨城県下妻《しもつま》市）に伝わる『親鸞聖人門侶交名牒』のはじめには「門弟六老僧」として、明光《めいこう》、明空、了海《りょうかい》、源海《げんかい》、了源《りょうげん》、源誓《げんせい》の六人の名が記されている。

Q2 親鸞亡き後、教団を拡大した弟子は誰？

鎌倉時代

親鸞の没後、関東二十四輩《にじゅうよはい》をはじめとする有力門弟たちは、それぞれの地で念仏道場を開き、親鸞から直接受けた教えを近隣の人々に説き、各地域で念仏者集団が形成された。その集団はそれぞれ念仏道場のある所在地名で呼ばれた。

当初、勢力を誇っていたのは、性信《しょうしん》が率いる下総《しもうさ》（千葉県北部と茨城県南部）の横曽根《よこそね》門徒、真仏《しんぶつ》が率いる下野《しもつけ》（栃木県）の高田《たかだ》門徒、順信《じゅんしん》が率いる常陸《ひたち》（茨城県北東部）の鹿島《かしま》門徒である。なかでも、親鸞が最も信頼する法然門下時代からの弟《おとうと》弟子である性信の横曽根門徒が隆盛だった。親鸞から帰洛《きらく》後の関東布教を託された性信は、その期待に応えて教線を拡大した。善鸞《ぜんらん》義絶事件（57ページ参照）のときに義絶状を受け取ったのも性信である。しかし、大谷廟堂《おおたにびょうどう》の留守職《るすしき》をめぐる唯善《ゆいぜん》事件（135ページ参照）で、敗北する唯善を支持したことにより勢力を失ったといわれる。

真仏が率いる高田門徒は下野で勢力を拡大するとともに、真仏の娘婿である顕智《けんち》が上洛のおりに三河《みかわ》（愛知県東部）で布教し、そこで和田の円善《えんぜん》が中心となって三河門徒（和田門徒）が形成され、高田門徒系列として一大勢力となった。さらに円善の弟子の如導《にょどう》が越前《えちぜん》（福井県北部）で教線を拡大した。現在、福井県に本山がある三門徒《さんもんと》派、誠照寺《じょうしょうじ》派、山元《やまもと》派はその流れをくんでいる。

● 初期の門徒集団

名称	地域	高弟
高田門徒	下野《しもつけ》	真仏《しんぶつ》・顕智《けんち》
横曽根門徒	下総《しもうさ》	性信《しょうしん》
鹿島門徒	常陸《ひたち》	順信《じゅんしん》
猿島《さしま》門徒	下総	成然《じょうねん》
布川《ぬのがわ》門徒	常陸	教念《きょうねん》
蕗田《ふきだ》門徒	常陸	善性《ぜんしょう》
荒木《あらき》門徒	武蔵《むさし》	源海《げんかい》（光信《こうしん》）
朝香《あさか》門徒	陸奥《むつ》	覚円《かくえん》
大網《おおあみ》門徒	陸奥	如信《にょしん》

鹿島門徒を率いた順信は、もとは鹿島神宮の宮司《ぐうじ》だったといわれ、親鸞が資料を調べに鹿島神宮にある神宮寺《じんぐうじ》へ通っていた関係から門弟になったらしい。鹿島門徒は常陸を中心に着実に勢力をひろげた。

こうして親鸞亡き後の念仏者集団は、わずかな年月で関東ばかりでなく東海、北陸、近畿へと勢力を伸ばしていった。

Q3 親鸞の廟堂が本願寺になった!?

鎌倉時代

弘長《こうちょう》二年十一月二十八日（新暦では一二六三年一月十六日）、親鸞は京都の善法院《ぜんぽういん》（弟尋有《じんう》のお寺）で九十歳で往生した。亡骸《なきがら》は翌二十九日に東山《ひがしやま》の鳥辺野《とりべの》（現在の清水寺の南あたり）で火葬、三十日に拾骨《しゅうこつ》されて、鳥辺野の北の大谷《おおたに》に埋葬された。このあたりは平安時代から荼毘所《だびしょ》および墓所として知られるところで、現在も鳥辺野墓地となっている。

その十年後の文永《ぶんえい》九年（一二七二）冬、親鸞の末娘の覚信尼《かくしんに》（一二二四～一二八三）が、吉水《よしみず》の北部（現在の崇泰院《そうたいいん》の地）に六角堂を建て、親鸞の遺骨を移して「大谷廟堂《びょうどう》」とした。ここが本願寺の始まりとなる。

ここは覚信尼の再婚相手である小野宮禅念《おののみやぜんねん》の所有地で、家族で暮らしていた敷地内に廟堂を建てたわけである。覚信尼は、日野家の血を継ぐ日野広綱《ひろつな》に嫁して覚恵《かくえ》と光《こう》玉尼《ぎょくに》の二子をもうけたのち、広綱の没後に禅念と再婚し、唯善《ゆいぜん》をもうけていた。

廟堂は禅念の所有地にあるものの、建物自体は関東の門弟たちの資金によって建てられたもので、土地と建物の所有者が異なるという状況だった。そこで覚信尼は、禅念から廟堂の土地を譲り受けて関東の門弟たちに寄進して所有権を委ね、その代わりに廟堂を管理する「留守職《るすしき》」として世襲で務めさせてほしいと願い出る。それが認められたのは建治《けんじ》三年（一二七七）である。

初代留守職となった覚信尼は、長男の覚恵（一二三九〜一三〇七）に留守職を譲り、弘安《こうあん》六年（一二八三）に六十歳で往生した。

ところが、禅念との子である唯善（一二五三〜一三一七）は、父の所有地に廟堂を建てたのだからと自身の相続権と留守職就任を主張し、覚恵との間に争いが起こった。そして唯善は、覚恵を大谷廟堂から追放してしまう。廟堂を追い出された覚恵はほどなくして病に臥《ふ》し、息子の覚如《かくにょ》（一二七一〜一三五一）に後を託して往生した。

覚如は関東の有力門弟とともに正統を主張して朝廷に訴訟を起こし、勝訴した。それを知った唯善は延慶《えんぎょう》二年（一三〇九）、親鸞の遺骨の一部と木像を奪い、廟堂を破壊して鎌倉に逃れた（唯善事件）。

唯善が破壊した大谷廟堂は、関東の門弟たちの援助を受けて再建された。門弟たちは、親鸞の子孫たちのお家騒動の再発を警戒し、覚如の留守職就任をすんなりとは認めなかった。そこで覚如は、門弟たちの意向に従って廟堂の管理を行う旨の懇望状《こんもうじょう》（誓約書）を差し出して、翌年（一三一〇）ようやく留守職就任を認められた。

ところが留守職となった覚如は、廟堂を寺院にすることを目指した。つまり、自身はたんなる墓所の管理者ではなく親鸞の正統を継ぐ代表者であるとして、廟堂を本山として組織的な教団づくりを行おうとしたのである。

そして大谷廟堂に「専修寺《せんじゅじ》」の額を掲げた。しかし、専修念仏を嫌う比叡山から非難を受けてこれを撤去し、元亨《げんこう》元年（一三二一）、改めて「本願寺」と称した。

覚如の主張はこうだった。自身は「親鸞―覚信尼―覚恵―覚如」と血統を受け継いでいる。さらに「法然―親鸞―如信《にょしん》―覚如」と法統（教え）も受け継いでいる。どちらにおいても三代にわたって正統を受け継いでいることから、我こそが浄土真宗の継承者としてふさわしい、というのである。

ここに出てくる如信（一二三五〜一三〇〇）とは、親鸞が義絶した善鸞《ぜんらん》の子（23ページ系図参照）で、長く京都で祖父の親鸞から教えを受けていた。善鸞について関東に移り、晩年は奥州を中心に布教活動をした。また如信は、親鸞没後も命日の法要には毎年のように上洛し、覚恵や覚如に教えを説いた。さらに、覚如自身も父の覚恵に同行して関東に赴《おもむ》き、如信の教えを仰いでいる。

覚如は、『口伝鈔《くでんしょう》』『改邪《がいじゃ》鈔《しょう》』を著して三代伝持の正統性を主張した。しかし、覚如の一連の行為は有力門弟たちには受け入れられず、大谷廟堂への援助は時とともに少なくなり、本願寺は衰退していくことになる。

●三代伝持

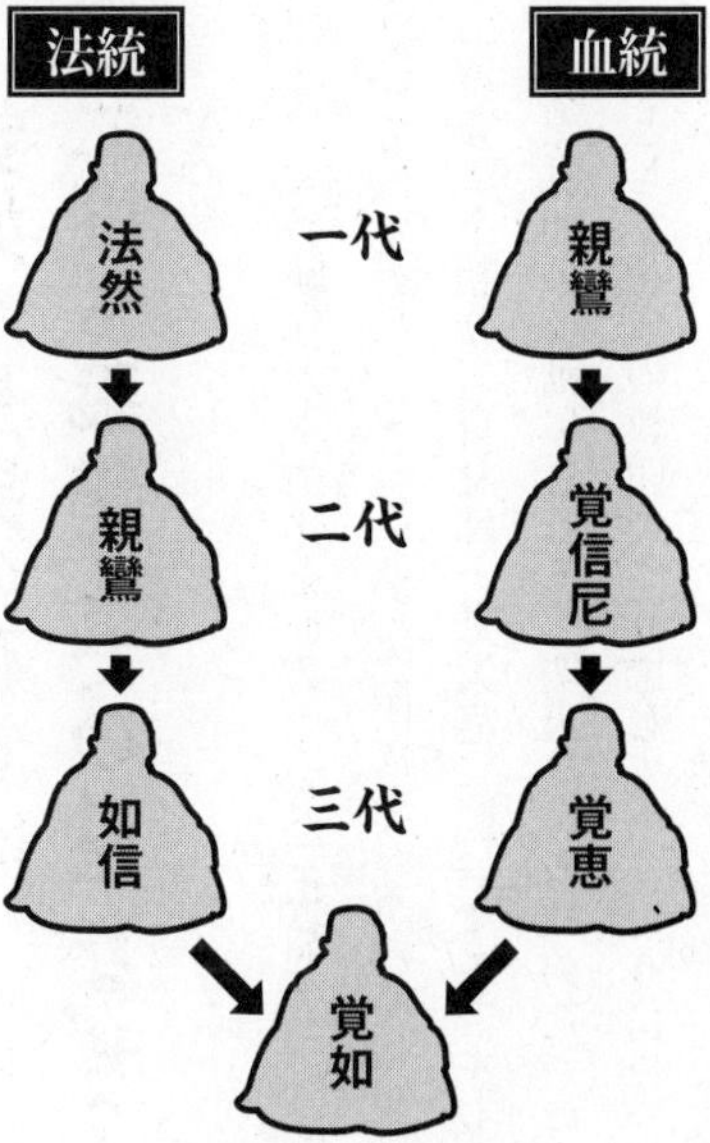

Q4 覚如が長男の存覚を二度も義絶したのは、なぜ？

覚如《かくによ》は、大谷廟堂の本山化を進めていた正和《しようわ》三年（一三一四）、相伝（子孫が代々受け継いで伝えていくこと）の実績をつくるために長男の存覚《ぞんかく》（一二九〇～一三七三）に留守職を譲り、自身は一条大宮に隠居する形を取った。

そうした覚如の行動に対して、関東の有力門弟たちは反発し、それぞれが浄土真宗の一門流として独自の教団づくりをしていくようになった。大谷廟堂はあくまでも親鸞の墓所であり、遺徳をしのぶために参詣する場所ととらえていたのである。

留守職を継いだ存覚は父の覚如とは違い、有力門弟たちとの融和路線を取った。存覚は秀才で知られ、若い頃から覚如の布教活動を助け、門弟たちから信頼も得ていた。後年には親鸞の主著である『教行信証《きようぎようしんしよう》』を初めて注釈した『六要鈔《ろくようしよう》』を著している。

一方で、覚如は本願寺を本山とする組織化を貫いた。

そして元亨《げんこう》元年（一三二一）、大谷廟堂は正式に寺院化されて「本願寺」となった。しかし、本願寺は天台宗青蓮院《しょうれんいん》の末寺とされ、留守職の存覚は一介の住職にすぎなくなってしまった。それでも存覚は、有力門弟たちと手を携《たずさ》えながら本願寺の発展を目指した。それをよしとしない覚如は翌年、存覚を義絶し、自ら留守職に返り咲いた。有力門弟たちは覚如に対して義絶の解除を求める連判状《れんぱんじょう》を出したが、覚如はこれを拒否した。

存覚はその後、覚如の指示によって了源《りょうげん》（佛光寺《ぶっこうじ》派七代）に教えを説いた。また、備後《びんご》（広島県東部）などに教線を拡大し、法華宗《ほっけしゅう》と対論して勝利している。そして南北朝時代の暦応《りゃくおう》元年（一三三八）、ようやく覚如から義絶を解かれ、存覚は留守職に復帰した。それは、義絶されてから十六年も経ってのことだった。

しかしその四年後、本願寺の在り方をめぐって覚如と存覚の意見が対立し、存覚は再び義絶される。八年後の観応《かんのう》元年（一三五〇）に再び義絶を解かれたが、覚如は、存覚の留守職復帰を許さず、孫の十九歳の善如《ぜんにょ》（次男の従覚《じゅうかく》の子）を継承者とした。存覚は、弟の従覚とともに善如の後見人となって本願寺の発展に最後まで尽力した。

Q5 京都で本願寺に対抗する勢力となった佛光寺とは？

鎌倉時代

本願寺の寺院化によって、有力門徒集団は本願寺を離れてそれぞれが独自の道を歩むことになる。そのなかで本願寺のお膝元である京都を本拠地として念仏の教えをひろめたのは佛光寺《ぶっこうじ》である。

佛光寺は、武蔵国荒木《むさしのくにあらき》（埼玉県行田市《ぎょうだ》）の源海《げんかい》（光信《こうしん》）が率いた荒木門徒の流れをくんでいる。そして阿佐布《あざぶ》（東京都港区麻布）の了海《りょうかい》、鎌倉の明光《めいこう》（了円《りょうえん》）を経て、了源《りょうげん》（一二九五～一三三六）に受け継がれた。一説に了海は了源の父ともいわれる。明光は、親鸞の直弟子《じきでし》の初代明光（良雲《りょううん》）を師とし、「惣《そう》」という農民の自治組織の形態を真宗門徒の組織運営にいち早く取り入れた人物である。ちなみに明光、源海、了海、了源は浄土真宗の「門弟六老僧」にかぞえられている（131ページ参照）。

了源は存覚《ぞんかく》に学び、京都山科《やましな》にあった親鸞ゆかりの興隆正法寺《こうりゅうしょうぼうじ》（興正寺《こうしょうじ》）を元《げん》応《おう》二年（一三二〇）、京都汁谷《しるたに》（現在の京都国立博物館あたり）に移したのちに佛光寺とした。寺号は後醍醐《ごだいご》天皇に賜ったと伝えられる。その由来は、次のとおり。汁谷の新寺に念仏者が多数訪れるようになると、それをねたむ者たちが現れ、ある夜、本尊や宝物を盗み出して竹藪《たけやぶ》に捨て去った。その明け方、後醍醐天皇は夢枕に東南から一筋の光が差し込むのを見て目を覚ました。すぐに調べさせたところ阿弥陀如来木像が見つかり、この仏像が新寺の本尊の台座と一致するところとなり、勅願《ちょくがん》により「佛光寺」の寺号を賜った。

了源は「名帳《みようちよう》」や「絵系図《えけいず》」を用いて布教活動を行い、中国地方への教線を拡大した。名帳とは、代々の師弟関係を系図の形で表した名簿で、絵系図はそこに肖像を描き加えたもののこと。これにより、門徒たちは宗祖・親鸞と同じ念仏によって生かされていることを強く感じ、この教えをのちの世にも守っていこうとした。こうした布教活動を発案したのは、存覚だといわれる。

佛光寺が隆盛を極めた一方で、本願寺は衰退の一途をたどり、八代蓮如《れんによ》が登場するまで約一世紀におよび沈滞する。

Q6 御影堂と阿弥陀堂が並び建つ現在の伽藍様式になったのは、いつ？

室町・戦国時代

本願寺は当初、青蓮院《しょうれんいん》の末寺だった。青蓮院は比叡山の有力な傘下なので、本願寺も天台宗に属していたことになる。当時の比叡山は、京都周辺の他宗派の寺院を末寺化させて収入を得るために本末相論をたびたび起こしていた。覚如《かくにょ》にとっても、「本願寺」を掲げるためには青蓮院の末寺となるしかなかったのであろう。

南北朝時代の観応《かんのう》二年（一三五一）に八十二歳で往生した覚如の後を継いだのは、孫の善如《ぜんにょ》（一三三三～一三八九）である。四代善如は幼い頃から青蓮院で学んだこともあり、本願寺も天台宗の影響を受け、服装や儀式なども天台風を取り入れたといわれる。それは八代蓮如《れんにょ》の代まで続いた。

五代綽如《しゃくにょ》（一三五〇～一三九三）は停滞する本願寺の再興を期して北陸に新天地を求め、越中《えっちゅう》井波《いなみ》に瑞泉寺《ずいせんじ》（富山県南砺《なんと》市）を建立し、北陸布教の礎を築いた。

六代巧如《ぎょうにょ》（一三七六〜一四四〇）は、父の綽如同様に北陸布教に尽力。ただ、畿内そして西国では佛光寺派、近江《おうみ》（滋賀県）では木辺《きべ》派、越前（福井県北部）では三門徒派が隆盛で、本願寺は衰退を脱しきれなかった。

巧如の往生にともない本願寺七代を継いだのは長男の存如《ぞんにょ》（一三九六〜一四五七）である。存如はその四年前に巧如から譲状《ゆずりじょう》を受けており、二年前には御影堂《ごえいどう》と阿弥陀堂を別個に造営する構想を立てていた。その理由は、三代覚如が大谷廟堂を寺院化して以来、廟堂には親鸞聖人御影と阿弥陀如来像を並べて安置していた。関東の有力門徒たちは、廟堂はあくまでも墓所であるとして、これに猛抗議した。そこで阿弥陀如来像は一時は撤去されたものの再び安置され、その状態が続いていたからだ。

しかし、存如の時代は飢饉《ききん》や戦乱が相次ぎ、堂舎の造営は困難を極めた。ようやく両堂が完成したのは構想から二十年ほど経った頃だといわれている。御影堂は五間四面、阿弥陀堂が三間四面というごく小さなものだった（一間＝約一・八メートル）。それでも本願寺に両堂が整うのは初めてであり、それが真宗寺院の両堂制に受け継がれている。

室町・戦国時代

Q7

北陸に浄土真宗の門徒が多いのはなぜ？

本願寺五代綽如《しやくによ》が南北朝時代に新天地を求め、越中井波《いなみ》に瑞泉寺《ずいせんじ》を建立したのが、北陸を真宗大国としたきっかけといわれている。

なぜ北陸だったのか定かではないが、前項で述べたように畿内、近江、越前、そして西国まで、他の浄土真宗教団がすでに教線を広げており、新天地としては越中だけだったのかもしれない。またその頃、本願寺に出入りしていた越中杉谷《すぎたに》（富山市）の門徒・慶善《きようぜん》のすすめで杉谷に坊舎《ぼうしや》を建てたのがきっかけになったとも伝えられる。

綽如は、永和《えいわ》元年（一三七五）に父である四代善如《ぜんによ》から譲状《ゆずりじよう》を授かったものの、善如はそれから十四年後の康応《こうおう》元年（一三八九）まで生きたので、継職は遅かった。その間の至徳《しとく》元年（一三八四）、綽如は息子の巧如《ぎようによ》に譲状を渡して、自らは地方布教に乗り出した。

本願寺を留守にすることが多かった綽如は、留守職《るすしき》の大切な役目である親鸞聖人御《ご》影《えい》の御簾《みす》の扉の開閉を任せるために鎰取役《かぎとりやく》を置いた。

綽如は博識で知られ、朝廷からの依頼で外国から届いた書簡にある難解な文字を解読、その返書を書いた功績として、後小松《ごこまつ》天皇から勧進状《かんじんじょう》を認《したた》める料紙《りょうし》を賜り、勅《ちょく》願所《がんじょ》として寺院建立を許可された。それを受けて綽如は、寺院建立のための勧進状をつくり、近隣諸国の武士や公家の外護《げご》を得ることができ、広く浄財（寄付金）を募《つの》った。そして明徳《めいとく》元年（一三九〇）に建立したのが、瑞泉寺である。そのときの勧進状は瑞泉寺に現存し、国の重要文化財に指定されている。

彫刻の見事さで知られる瑞泉寺（富山県南砺市）の式台門《しきだいもん》（勅使門《ちょくしもん》、菊の門）。北陸教線を拡大した蓮如の叔父・如乗《にょじょう》も住職を務めた（写真提供・瑞泉寺）

綽如は継職四年後の明徳四年（一三九三）に四十四歳の若さで没した。

瑞泉寺は、北陸の浄土真宗信仰の中心として多くの参詣者で賑わった。また、蓮如《れんにょ》の時代には越中の一向一揆《いっこういっき》の拠点ともなった。

Q8 一世紀も続いた加賀の一向一揆って何?

室町・戦国時代

一向一揆《いっこういっき》とは、室町末期から戦国時代にかけて約百二十年間にわたり、浄土真宗門徒が起こした一揆のことをいう。当時、本願寺教団は「一向宗」と呼ばれていた。

この十五世紀半ばから十六世紀にかけては、足利《あしかが》将軍家が衰退し、戦国大名が利権をかけて争う戦乱期だった。また、たび重なる飢饉《ききん》、そして厳しい年貢の取り立てによって人々は困窮の極みに達していた。蓮如《れんにょ》が本願寺八代を継いだ長禄《ちょうろく》元年（一四五七）からの四年間は「長禄・寛正《かんしょう》の飢饉」が全国を襲い、当時の軍記書『新撰長《しんせんちょう》禄寛正記《ろくかんしょうき》』によると日本の人口の約三分の二が餓死したという。

このような時代に生きる人々のために蓮如が行ったのは「惣《そう》」（140ページ参照）の活用だった。「阿弥陀仏を信じることで老若男女が貴賤の区別なく往生できる」という蓮如の教えは、惣村の人々の結束を強めるモチベーションとなった。そして村人全員が浄土真宗門徒になるという現象が、各地で現れた。

蓮如の教えはまず近江で広がり、北陸、東海地方へとまたたく間に浸透した。こうして急速な拡大を遂げたことで、本願寺は浄土真宗を認めない比叡山衆徒に敵視され破却されるわけだが、それが各地の門徒集団蜂起に火をつけることになった。

最初の一向一揆は文正《ぶんしょう》元年（一四六六）、近江の門徒衆が蜂起して金森《かねがもり》御坊《ごぼう》（滋賀県守山市）に立て籠り、比叡山衆徒と争った合戦である。それから各地で一向一揆が起こった。ともに手を携《たずさ》えて浄土に往生しようという浄土真宗の「御同朋《おんどうぼう》」という考え方があることも相まってのことだろう。

そのなかで最大の一揆は加賀の一向一揆である。長享《ちょうきょう》二年（一四八八）、加賀の守護大名の富樫政親《とがしまさちか》が門徒衆と対立、加賀に加えて越前、能登、越中の門徒衆二十万人が集結して政親の高尾城を攻め落とした（長享一揆）。以降、天正《てんしょう》八年（一五八〇）までの約九十年間にわたり、加賀は「百姓《ひゃくせい》の持ちたる国」と呼ばれた。「百姓＝さまざまな職業の人＝一般住民」という意味で、加賀は浄土真宗門徒による共和国となったのである。

Q9

あの信長をさんざん苦しめた石山合戦って何？

安土・桃山時代

元亀《げんき》元年（一五七〇）、織田信長は、戦国大名をしのぐほどの力を持った本願寺に対して石山《いしやま》本願寺（現在の大阪市）の明け渡しを迫った。十一代顕如《けんにょ》は、要求を受け入れずに挙兵し、十年間におよぶ戦いが繰り広げられた。これが石山合戦である。

そもそも、本願寺はなぜ信長に恐れられるほどの財力と兵力を持つことができたのか。それは、寺内町《じないまち》の存在が大きい。寺内町とは、室町から戦国時代にかけて寺院を中心に形成された集落のこと。周囲に土塁や濠《ほり》をめぐらし、他宗派や守護大名などからの攻撃に備えたのである。蓮如《れんにょ》がつくった越前の吉崎《よしざき》御坊《ごぼう》、山科《やましな》本願寺、石山本願寺のほか、各地に寺内町が形成された。

また、寺内町は宗教的な聖域とされ、守護大名や戦国大名の介入を拒み、さまざまな寺内特権を認めさせていた。たとえば、守護がかけてくる金銭的あるいは人的負担

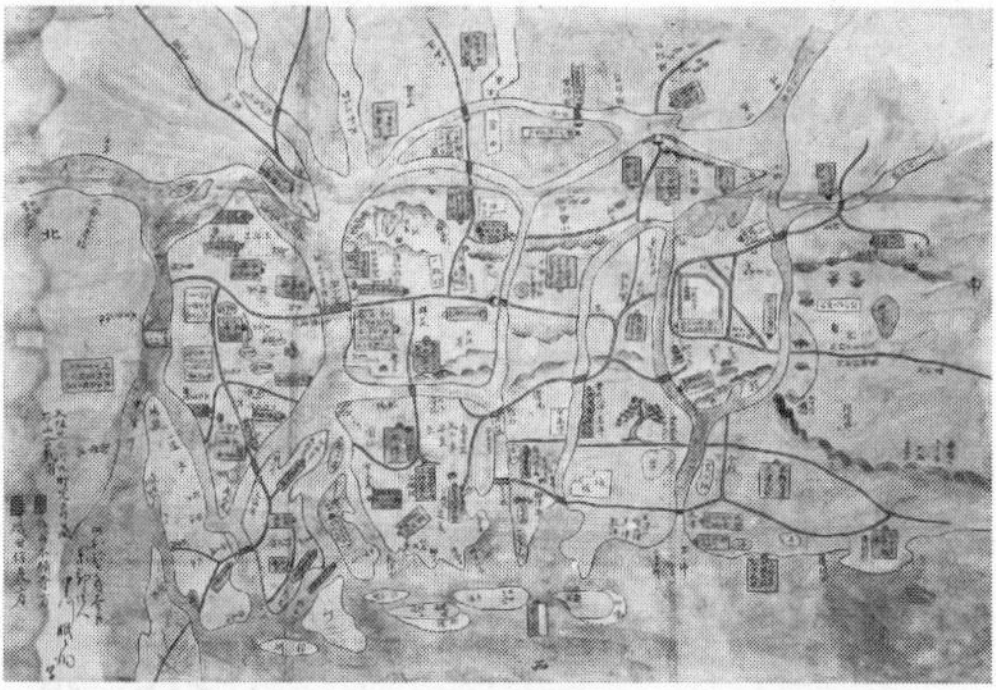

石山合戦図。信長勢が本願寺勢を包囲している様子がわかる(写真提供・和歌山市立博物館)

の免除などがある。そして町衆による自治が行われていた。そのため自由に交易ができるので商工業者や門徒たちが移り住み、町は繁栄を見せていた。石山本願寺では裁判権もあり、住民の訴訟の裁定も行っていた。

信長が本願寺を討つ目的は、その寺内特権の剝奪にあった。堺《さかい》に匹敵する一大商業都市を手に入れようとしたのである。顕如の挙兵に呼応したのが伊勢、近江、越前などの門徒で、各地で一向一揆が起こった。信長は石山本願寺を攻めるとともに各地で門徒集団と戦うことになる。

当初、本願寺勢が有利に戦いを進めていたが、信長勢が石山本願寺を包囲して兵糧攻めに方針転換したことにより、形勢は逆転。天正《てんしょう》八年(一五八〇)、顕如は朝廷の仲介を受け入れて信長と和睦。石山本願寺を退去した。

Q10 石山合戦で本願寺の力となった雑賀衆と、本願寺の内部分裂とは？

安土・桃山時代

天正《てんしょう》八（一五八〇）年四月、顕如《けんにょ》は雑賀衆《さいかしゅう》が拠点とする紀伊鷺森《きいさぎのもり》（和歌山市）に移り、石山本願寺から移した親鸞聖人御影《ごえい》を奉安《ほうあん》して鷺森の坊舎を本山とした。

雑賀衆とは、紀ノ川《きのかわ》下流域（和歌山市と海南市の一部）を本拠地として、きわめて高い軍事力を持った一揆集団だ。海運や交易にも携《たずさ》わっていたと考えられ、数千丁もの鉄砲で武装し水軍も擁し、毛利《もうり》軍とともに本願寺の大きな力となった。

雑賀衆は一枚岩で強固な団結により結ばれた集団と思われがちだが、じつはそうではない。雑賀荘《さいかしょう》をはじめとする五つの地域からなり、それぞれに統率者が存在し合議制により自治を行う「惣《そう》」であった。この自治意識の高まった惣村の人々が権利を主張して一揆集団となったのである。経済基盤や宗旨はそれぞれ地域で違っていた。海に面した雑賀荘と十ヶ郷《じっかごう》は漁や交易を主財源とし、蓮如《れんにょ》の時代に多くの真宗寺院ができていた。他の三地域は内陸に位置していたため農産物を主財源とし、真言宗中興の祖である覚鑁《かくばん》（一〇九五〜一一四四）が開いた根来寺《ねごろじ》（和歌山県岩出市《いわで》）に近いことから根来衆（根来寺の僧兵）と行動することも多かった。実際、石山合戦の端緒となった三好《みよし》三人衆と信長の戦いでは、雑賀衆は二つに分かれて戦った。

本願寺でも内部分裂があった。顕如が加賀二郡（江沼《えぬま》・能美《のうみ》）の返還や矢留《やどめ》（休戦）などの講和条件を受け入れて退去を決めた際、長男の教如《きょうにょ》（一五五八〜一六一四）らは「信長は信じられない」と異議をとなえた。退去期限は七月だったが、その前に信長の家臣の柴田《しばた》勝家《かついえ》らが講和条件を無視して本願寺金沢御坊《ごぼう》にまで迫ったため、教如らは徹底抗戦を主張し、石山本願寺に籠城した。しかし、教如らも八月には退却。石山本願寺は灰燼《かいじん》に帰し、教如は鷺森に赴いて顕如に詫びを入れたが許されず、義絶《ぎぜつ》されてしまう。親子が和解するのは、二年後に信長が本能寺で討たれたのちである。

信長の死により、雑賀衆の主導権は反信長派に移り、鷺森にいれば、いつ戦乱に巻き込まれるかわからない。本願寺の悲願は大坂への回帰だった。和解した顕如と教如は、畿内に実権を持ちはじめた羽柴《はしば》（豊臣）秀吉に近づいていった。

Q11

本願寺を貝塚→天満→京都へ移転させた秀吉の思惑とは？

安土・桃山時代

　秀吉も、敵対する越前の柴田勝家《しばたかついえ》や美濃《みの》（岐阜県南部）の織田信孝《のぶたか》らの背後を突く勢力として、門徒衆が役立つと期待した。また、雑賀衆《さいかしゅう》や根来衆《ねごろしゅう》を攻めるにあたっても、本願寺を鷺森から移転させておいたほうがよいと考えたのである。

　天正《てんしょう》十一年（一五八三）七月、秀吉は本願寺に和泉《いずみ》貝塚（大阪府貝塚市）に移るよう言い渡す。貝塚にはもともと、蓮如《れんにょ》が逗留し無住となっていた庵寺《あんでら》があり、天文《てんぶん》十四年（一五四五）、日野氏一門とされる京都からの落人《おちうど》の了珍《りようちん》を根来寺から迎え、再興されたと伝わる。その後、石山本願寺と呼応して貝塚寺内町《じないまち》が形成され、雑賀衆の協力を得て支城としての役割を果たすとともに、援軍の毛利《もうり》氏や瀬戸内の水軍によって運ばれる兵糧米の運送にもあたった。そのため信長勢の攻撃を受けて焼き払われてしまい、了珍が和泉《いずみ》門徒と協力して復興し、「板屋《いたや》道場」と呼ばれていた。

板屋道場を本願寺貝塚御坊《ごぼう》とした翌八月、秀吉は石山本願寺跡に大坂城《おおざかじょう》築城を開始し、一年後に入城した。本願寺は堺《さかい》御坊の返却を求めていたので落胆したが、秀吉は大坂に政権基盤を確立させる前に本願寺を近くに移すことには不安があったのだろう。

秀吉はその後、小牧《こまき》・長久手《ながくて》の戦い（一五八四）で信長の次男の信雄《のぶかつ》と家康の連合軍に敗れたため東海・関東を制覇できず、征夷大将軍《せいいたいしょうぐん》となる目論見がはずれた。そこで今度は、朝廷に接近して関白《かんぱく》を目指すことを考えた。

秀吉は根来寺を焼き討ちにし、雑賀衆も壊滅させた直後の天正十三年（一五八五）五月、本願寺に大坂城の北西に位置する天満《てんま》（大阪市北区）の地を与えた。その理由は、天満は淀川《よどがわ》の支流の大川が大きく曲流し洪水の被害を受けやすい土地だったため、本願寺の寺内町として整備させることを図ったのである。

七月、秀吉は四国も平定して関白となり、本願寺は八月に天満に移ったが諸堂はまだ建築中だった。秀吉は、本願寺を膝下《しっか》に置いて武力で支配できない諸国の門徒を掌中にしようという意図だったが、関白となったことで天皇の威光を背景に自らの権力を天下に示すことが可能になった。秀吉は全国の大名や領主に対し、所領や国境の紛争解決を武力に訴えることを厳禁し、その裁定は関白である自分に委ねるものとした。これが「惣無事令《そうぶじれい》」だ。こうして秀吉の天下平定の根拠が晴れて成立したのだった。天正十四年（一五八六）十二月、太政大臣《だじようだいじん》を賜り「豊臣」と改姓。朝臣として京都に聚楽第《じゆらくだい》を造営し自らの力を誇示した。さらに大坂城と京都の聚楽第を結ぶ中間の淀《よど》にある淀城《よどじよう》を修復して、初めての出産を控えた側室の茶々《ちやちや》（淀殿《よどどの》）に与えた。

秀吉は「バテレン追放令」（一五八七）を出しているが、その理由に、バテレン（キリスト教徒）は一向宗（浄土真宗門徒）に似ているがそれよりも危険であり有害である旨を文書に記している。本願寺に対しても監視下に置き、屈服させておかなければならないと考えていた。二年後、事件は起こった。聚楽第の番所に秀吉を誹謗《ひぼう》する落書きが発見されたのである。番衆十七人が処刑され、天満本願寺の寺内町に隠れていた残党の妻子もろとも老若男女六十六人が磔《はりつけ》にされた。これを機に秀吉は本願寺の寺内町に定書《さだめがき》を下して、自分に逆らう者を隠匿《いんとく》しないことを厳命した。そして寺内町の監視のために町奉行《まちぶぎよう》二人を指名し、彼らは秀吉の意向をくんで寺内法度《じないはつと》を制定した。寺内に入ってくる者は身元を厳しく調べられ、商人や職人が座を持つことも禁じられた。そればかりか、本願寺の寺内町で初めてとなる検地（年貢の徴収と住民支配を目的とする土地の測量調査）が実施されたのである。

さらに天正十九年（一五九一）二月、本願寺は京都六条堀川に寺地を与えられて移転を命じられた。これも秀吉の策略であり、天満の寺内町の移転は認められなかった。本願寺と、それを支えることで寺内特権を持っていた寺内町が完全に分離されたのだ。というのは、本願寺に京都移転を命じた十日ほど前、秀吉が武力面で最も頼りとしていた弟の秀長《ひでなが》が病死し、本願寺を天満に置いておくことは危険と考えたのだろう。

本願寺は寺内特権が完全に剝奪され、秀吉政権に組み込まれていった。

● 石山合戦後の本願寺の移転図

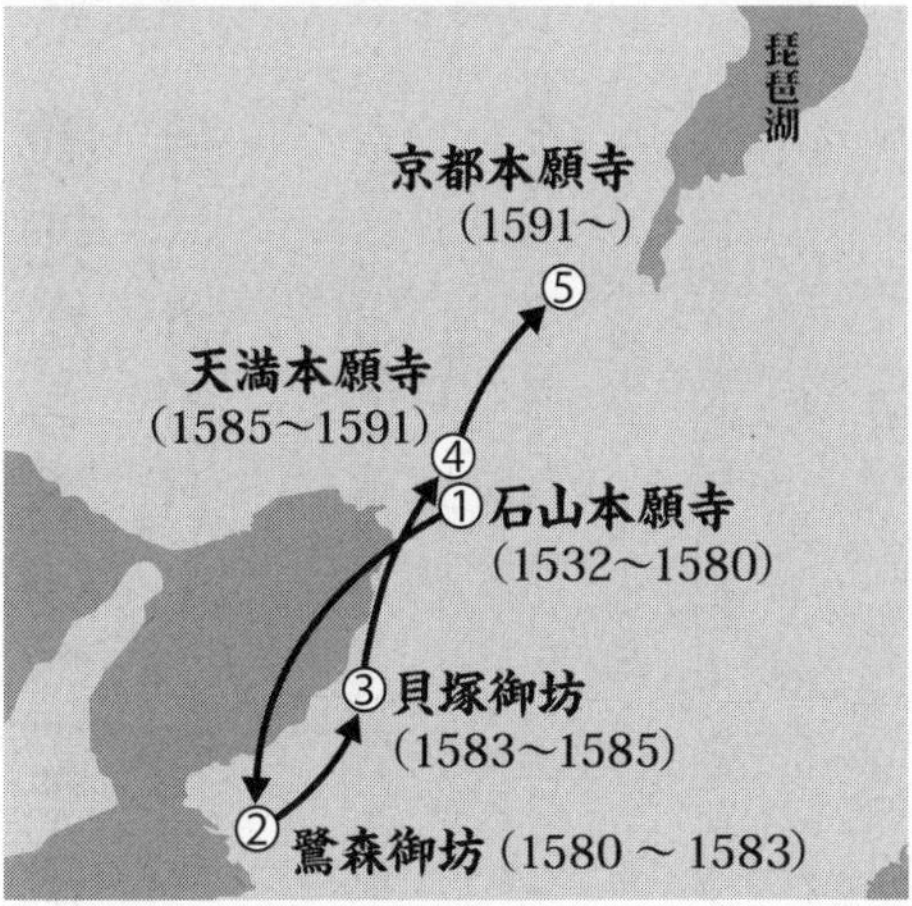

安土・桃山時代

Q12 教如から准如へ一年足らずで宗主が交代した理由は？

現在の西本願寺の所在地である京都六条堀川に御影堂《ごえいどう》と阿弥陀堂が並び建ったのは天正《てんしょう》二十年（一五九二）七月だった。ところが十一月二十日、十一代顕如《けんにょ》が早朝のおつとめを終えて突然倒れ、四日後に亡くなった。病名は中風《ちゅうぶ》、享年五十歳だった。改元されて文禄《ぶんろく》元年となったこの年、本願寺十二代は長男である教如《きょうにょ》が継ぐこととなった。秀吉は第一次朝鮮出兵中で、肥前名護屋城《ひぜんなごやじょう》（佐賀県唐津市）から発した朱印《しゅいん》状《じょう》が東本願寺（大谷派）に残っている。それには、前年に母親を失っていた秀吉が教如の継承を認めるとともに、教如の母（如春尼《にょしゅんに》）に孝行するように書かれていた。

しかし翌年八月の秀頼《ひでより》の誕生が、本願寺の運命を思わぬ方向に変えてしまった。秀吉は初めてできた長男の鶴松《つるまつ》を二年前に失ったため、甥の秀次《ひでつぐ》を養子とし、関白の座を譲っていたが、秀頼を溺愛するあまり、天下をそのまま秀頼に渡したいと思うようになっていった。有馬《ありま》温泉（兵庫県神戸市）で湯治《とうじ》をしていた秀吉のもとへ、如春尼と十七歳になる三男の准如《じゅんにょ》が訪れ、顕如が生前に准如に宗主を譲る旨を記した譲状《ゆずりじょう》を証拠として宗主の交代を訴え出たのは、そんな頃だった。如春尼の言い分に心が動いた秀吉は教如に対して、石山合戦のとき講和に反して石山本願寺を占拠しつづけたことなど十一カ条を理由に、十年後に准如に宗主の座を譲るよう命じた。そのとき教如の側近たちが譲状は捏造《ねつぞう》されたものであると主張したため、調停策を否定された秀吉は激怒し、直ちに准如に宗主を譲るよう言い渡したのである。

教如は一年足らずで本願寺宗主の座を追われてしまった。

如春尼は秀吉を色仕掛けで説きつけたとも伝えられる。しかし如春尼はなぜ准如を宗主としたかったのだろうか。教如の妻との嫁姑問題なども取り沙汰されているが、本当のところは、教如が宗主を継承したとき、石山合戦でともに徹底抗戦を主張して顕如から破門された者たちを重用したことがいちばんの問題といえるだろう。彼らが十四年ぶりに本願寺に復帰すると、それまで顕如とともに本願寺を支えてきた側近たちは反教如派となって准如を宗主とするよう如春尼に訴えたのである。

Q13 家康が本願寺を「お西」と「お東」に分裂させた!?

江戸時代

慶長《けいちょう》三年（一五九八）に秀吉が伏見城《ふしみじょう》で没し、家康と石田三成《みつなり》の対立が深まっていった頃、教如《きょうにょ》は本願寺の一角に住み、裏方と呼ばれていた。

教如は同五年（一六〇〇）の関ヶ原の合戦の直前に、江戸の家康のもとに陣中見舞いに駆けつけた。そして、天下分け目の戦いに勝利した家康を大津で出迎えている。

そのとき教如は、家康からの本願寺宗主の座を与えようという申し出を辞退したという。教如派と准如《じゅんにょ》派に分かれて反目する本願寺の宗主に返り咲くよりは、教如派の寺院として新しく本願寺をつくりたいという思惑があったのかもしれない。

一方、本願寺宗主の准如には、三成方に加担したという嫌疑がかかっていた。そこで家康は、准如より教如を取り立てようと考えたのだろう。しかし、重臣の本多正信《ほんだまさのぶ》が両方を立てることで本願寺の勢力を二分して力を削ぐほうがよいと提案したために方針を転換した。奇しくもそれは教如の思惑と一致したものだった。

家康の意向を受けた京都奉行《ぶぎょう》の二人が、本願寺に寺地の分割を求めたがうまくいかず、慶長七年（一六〇二）、家康は直々に教如に本願寺の東に位置する京都六条烏《からす》丸《ま》の地を授け、別寺の創建を認めた。

教如は翌年（一六〇三）、家康から与えられた寺地に阿弥陀堂を建立した。家康が征夷大将軍《せいいたいしょうぐん》に任ぜられたのはその直後である。そして家康の威光により、本願寺の御影堂《ごえいどう》の本尊として上野国廏橋《こうずけのくにまやはし》（群馬県前橋市）の妙安寺《みょうあんじ》から親鸞聖人木像を受け、御影堂が完成した。だが、これに不満を持ったのは准如の率いる本願寺である。それは秀吉政権を懐かしむ気持ちとなって、徳川幕府への反感は長く尾を引いた。一方、教如が率いる本願寺は、徳川幕府と密接に結びつき、その庇護を受けながら発展していく道を選んだのである。

現在、准如方は西本願寺（お西）、教如方は東本願寺（お東）と通称されているが、当時は「本願寺」といえばお西、「本門《ほんもん》」（本願寺門跡の意味）であり、お東は「本願寺隠居」「信門《しんもん》」（教如の院号「信浄院《しんじょういん》」の門跡の意味）と呼ばれていた。

Q14 東本願寺の親鸞聖人木像の由来は？

江戸時代

家康が東本願寺に移すことを命じた前橋の妙安寺《みょうあんじ》の親鸞聖人木像は、親鸞が関東布教時代に門弟となった成然《じょうねん》に与えたものと伝わる。成然は関東二十四輩《にじゅうよはい》第六番にかぞえられ、「猿島《さしま》門徒」と呼ばれる集団を率いていた。前橋の妙安寺の寺伝によれば、成然は九条兼実《くじょうかねざね》の一門で俗名《ぞくみょう》を九条幸実《ゆきざね》といい、従三位《じゅさんみ》の地位にあったが無実の罪で流され、下総国境《しもうさのくにさかい》（茨城県猿島郡境町）の豪族のもとに身を寄せていた。そのとき、常陸国稲田《ひたちのくにいなだ》（茨城県笠間市）に滞在していた親鸞を訪ねて教えを聞き、弟子となったという。

親鸞が帰洛の際、自刻の寿像《じゅぞう》（生前に作られた肖像彫刻）と「妙安寺」という寺号を授けられた成然は、境近くの一ノ谷の念仏道場に寿像を奉安し、のちに聖徳太子の夢告を受けて三村《みむら》（茨城県坂東市）の太子創建と伝わる廃寺に寺基を定めた。その後、家康の家臣の川越藩主・酒井重忠《さかいしげただ》の願いで川越に移され、さらに関ヶ原合戦後の国替えにともない現在の前橋の地に移転した。寿像を上納した妙安寺には、教如《きょうによ》から「御《お》里御坊《さとごぼう》」の名が与えられ、家康からも恩賞として徳川葵紋《あおいのもん》の使用が許されたという。

現在、一ノ谷と三村の旧跡にも妙安寺がある。一ノ谷は九条家の荘園があったといわれる常陸国筑波郡《つくばごおり》と下総国猿島郡の境に位置し、成然の墓所が残る。一ノ谷から三村までは四キロほどの距離で、三村の妙安寺の寺伝によれば、成然は九条兼実の十男で、母は親鸞の母の姉妹という。また、親鸞の妻とされる玉日姫《たまひひめ》の兄とみる説もある。

教如は、東本願寺の存立に正統性を持たせるため、宗祖・親鸞に直接つながる御影《ごえい》を必要としていた。それは、石山合戦の苦い経験からだった。徹底抗戦派の教如が御影を守って石山本願寺に立て籠ることを主張したにもかかわらず、父の顕如《けんによ》が紀伊《きい》鷺森《さぎのもり》に退去する際にひそかに持ち出していた。そのため、抗戦の主張は一気に根拠を失ってしまった。だから何としてでも妙安寺の寿像がほしかったのである。

しかし、東本願寺が正式に独立教団として二代将軍秀忠《ひでただ》から安堵状《あんどじょう》を受けたのは、教如が五十七歳で亡くなった五年後の元和《げんな》五年（一六一九）だった。

Q15

薩摩藩では禁教とされ、「隠れ念仏」として信仰された!?

江戸時代

九州にいわゆる一向宗《いっこうしゅう》（浄土真宗）が伝わったのは戦国時代の一五〇〇年頃とされる。各地で下剋上《げこくじょう》の嵐が吹き荒れ、実力主義の戦国大名が台頭する一方、九州は都から離れていたため、室町幕府に任命された守護職が守護大名となり、その多くがそのまま戦国大名となっていた。薩摩《さつま》（鹿児島県西部）の島津《しまづ》家もそのひとつだ。

島津宗家《そうけ》の内紛を収めた分家の島津忠良《ただよし》は、嫡男《ちゃくなん》の貴久《たかひさ》を島津宗家十五代当主とし、島津家隆盛の基盤をつくった人物である。忠良は領内に一向宗がひろまると、加賀の一向一揆や大坂の石山合戦のような反乱が起こることを恐れていた。

貴久の嫡男の義久《よしひさ》が島津宗家十六代当主となり、薩摩・大隅《おおすみ》（鹿児島県東部）・日向《ひゅうが》（宮崎県）を統一。義久は弟の義弘《よしひろ》らと協力して九州制覇を目指すが、天正《てんしょう》十五年（一五八七）の秀吉の九州征伐に敗北した。その後、義弘は秀吉の命《めい》により朝鮮に出兵する前の慶長《けいちょう》二年（一五九七）、留守中の家臣の内乱を警戒して一向宗禁止令を出している。実際にその二年後、島津家中最大の内乱といわれる庄内《しょうない》の乱が起こった。義弘の三男の忠恒《ただつね》に斬殺《ざんさつ》された家老の伊集院忠棟《いじゅういんただむね》は、熱心な一向宗門徒だったといわれている。これをきっかけに慶長六年（一六〇一）、義久・義弘・忠恒の連名で正式に一向宗禁止令が出された。翌年（一六〇二）、忠恒は義久の後継として家督を継いで初代薩摩藩主となり、江戸時代三百年近くにわたる「隠《かく》れ念仏」への過酷な弾圧の歴史が始まるのである。

家久《いえひさ》と改名した忠恒は一向宗禁止令を再三発布し、重臣たちが団結して藩主に背くのを防止した。郷士《ごうし》層への摘発はとくに厳しく、一向宗に帰依《きえ》する者は身分を百姓とし、居住地をも移すという処分が行われた。これは、兵農分離をおし進める薩摩藩の政策にも大きく関係していた。というのも九州制覇を目指していた薩摩藩は他藩にくらべて武士を多くかかえすぎていたからだが、その政策は成功したとはいえない。

門徒たちの本山への志納金として領内の金銀が流失するのを危惧したためともいわれるが、そもそも阿弥陀仏の前では皆平等であるという浄土真宗の教えそのものが、とくに封建体制を色濃く残す薩摩藩では危険視されたといえよう。

　薩摩藩で一向宗門徒の摘発が本格的に行われるようになったのは、幕府が寛永《かんえい》十二年（一六三五）に切支丹《きりしたん》（キリスト教徒）に対して全国的に禁教令を発布したことに連動する。幕府の「宗門改《しゅうもんあらため》」と、藩独自の「宗門手《て》札改《ふだあらため》」の制度を施行したのである。宗門改では毎年二度、所属する寺院の証明を受けるが、薩摩藩は五年に一度、名前と宗旨を記入した木の札（宗門手札）をすべての男女に交付したのである。結婚や転居するときは、この手札と所属寺の証明書を必要とした。

　薩摩藩では一向宗門徒の疑いのあるものを捕らえ、大きな石を抱かせて自白を迫ったと伝えられている。足の骨は砕け、絶命することもあったというこの石抱きの拷問は、一向宗門徒のほか、切支丹、主殺《しゅうごろ》しのみに適用された厳しいものだった。

　浄土真宗には蓮如《れんにょ》の時代から講《こう》（地域ごとの門徒衆の集まり）の組織がある。門徒たちは本願寺から本尊を受け、ひそかに船上や山中のガマ（洞穴）の中で「法座《ほうざ》」といわれる集会を開き、念仏をとなえた。現在も、花尾《はなお》念仏洞（鹿児島市花尾町）や田島念仏洞（宮崎県都城《みやこのじょう》市）などの隠れ念仏洞が残存している。

ひそかに藩境を越えて信仰の許されている隣接諸藩の真宗寺院に参詣する「抜け参り」も行われた。また、信仰を守るため土地を捨てて逃げる「逃散《ちょうさん》」も数多くあったという。肥後《ひご》の源光寺《げんこうじ》（熊本県水俣《みなまた》市）には、薩摩の隠れ念仏者たちが身を隠した薩摩部屋が残されている。これに対し、薩摩藩は五人組の制度をつくって連帯責任を負わせ、民衆への支配をさらに強化した。弾圧が極みに達した天保《てんぽう》六年（一八三五）には十四万人以上が摘発されたといわれる。それでも隠れ念仏者たちは源光寺などの手つぎ寺（所属寺）を通じて京都の本願寺と連絡を取って信仰を守りとおしたのである。

西本願寺鹿児島別院（鹿児島市）の境内にある、門徒たちの苦しみの涙がそそがれた「涙石」（写真提供・鹿児島別院）

そして明治九年（一八七六）の「信教自由令」（171ページ参照）の発布により、薩摩の一向宗禁止令は解禁されたのである。

Q16 浄土真宗の篤信者「妙好人」には、どんな人がいたの？

江戸時代

「妙好人《みょうこうにん》」とは、篤信《とくしん》（信仰の篤《あつ》い）の念仏者のこと。江戸時代後期に石見《いわみ》の浄泉《じょうせん》寺《じ》（島根県邑智《おおち》郡邑南町《おおなんちょう》）の仰誓《ごうせい》が『妙好人伝』を編纂《へんさん》し話題になったことから、とくに浄土真宗の篤信者を表すようになった。『妙好人伝』は他の僧侶によって多くの続編が編まれている。

純粋な信心に生きた妙好人とそのエピソードを紹介しよう。

浅原才市《あさはらさいち》（一八五〇～一九三二）は、石見国大浜村小浜《こはま》（島根県大田市温泉津《ゆのつ》町）の下駄《げた》職人だった。

「さいちがほとけを　をがむじゃない
さいちがほとけに　をがまれること　なむあみだぶつ」

才市は、このような念仏とともに口をついて出る言葉を、ひらがなで帳面やカンナの削りくずに書き留めて、何度も読み返していたそうだ。

ある日、才市は隣人の画家に肖像画を頼み、完成した絵を見て「頭に角《つの》を描いてください」といった。自分の心の内には恐ろしい角があるといいたかったのである。

才市ゆかりの安楽寺《あんらくじ》（本願寺派）には、才市の遺品などが保存されている。

因幡《いなば》の源左《げんざ》（一八四二〜一九三〇）は、因幡国山根村（鳥取市青谷町《あおやちょう》）の農民だった。十八歳のときに父を亡くして仏縁を持った。源左の言行録はいずれもユーモラスでありながら阿弥陀仏に護《まも》られているという安堵感を与えてくれる。

ある日、近所の人にありがたい話をしてほしいと請われた源左は、

「こないだ家の猫が子を産んでやぁ。親は子をくわえて上がったり下がったりするけど、親は落とさんわいなぁ」

と話した。落とすとは、地獄に落とすということ。阿弥陀仏はこの親猫と同様に、人々を一人も落とすことなく浄土に救ってくれるという意味である。

妙好人・浅原才市像（島根県大田市）。温泉津元湯の前の石だたみの広場にある（写真提供・大田市観光協会）

Q17 明治維新直後に東本願寺が北海道開拓を行った？

明治・大正・昭和時代

大谷派（東本願寺）二十二代宗主現如《げんにょ》（大谷光瑩《おおたにこうえい》、一八五二〜一九二三）が、新門《しんもん》（次期宗主）時代に北海道開拓を指導し、札幌に東本願寺札幌別院を建立した。

東本願寺にとって幕末から明治初期にかけては苦難の時代だった。東本願寺は幕府とは親密な関係にあった。そのため旧幕府勢力とされており、新政府との良好な関係を築くことが急務だった。そこで東本願寺は明治二年（一八六九）、政府に対して忠義を見せるために北門《ほくもん》（北海道）開拓を願い出たのである。ただ、それには政府の内命があったともいわれる。

宗主である父厳如《ごんにょ》（大谷光勝《こうしょう》、一八一七〜一八九四）は、十九歳の現如を責任者として派遣した。北海道開拓の目的は、道南から札幌までの新道開削、移民の勧誘、布教の三点だった。当時、キリスト教を排斥していた政府にとって、函館を中心に広がりつつあったキリスト教廃絶のためにも東本願寺の布教は都合がよかったようだ。

明治三年（一八七〇）二月に京都を出発した現如と随員百人余りの開拓団は、日本海ルートを通って、各地で帰敬式《ききょうしき》（おかみそり）を行いながら移民勧誘、そして新道開削のための浄財（寄付金）を募りつつ北海道へ渡った。

函館に着いた現如は、長流川《おさるがわ》河口（伊達《だて》市）から平岸《ひらぎし》（札幌市豊平《とよひら》区）までの全長百キロ余りの新道開削を指示し、自身は札幌入りして東本願寺札幌別院（当時は東本願寺管刹《かんさつ》）の本堂を建立した。新道の開通は翌年の十月だった。開削には延べ五万五千人の労働者が関わり、総費用は現在の貨幣価値で二億円を超えるといわれている。この道路は「本願寺街道」と呼ばれ、現在も道南と札幌を結ぶ観光ルートになっている。

本願寺街道中山峠の現如上人像（写真提供・北海道虻田《あぶた》郡喜《き》茂《も》別町《べつちょう》役場）

北海道移住者に北陸出身者が多いのは、現如の北門開拓の功績といえよう。

Q18 廃仏毀釈のとき、「信教の自由」をとなえて仏教を守った島地黙雷とは？

明治・大正・昭和時代

明治元年（一八六八）、新政府は「神仏分離令」を発布した。それまでの日本は、神も仏も同様に敬《うやま》う神仏習合《しんぶつしゅうごう》が続いていたが、新時代を迎えて富国強兵《ふこくきょうへい》の日本をつくるには、神道《しんとう》の国教化が必要だと考えたのである。

古来、大きな神社の中には「神宮寺」が建てられていて、その住職が神社の別当《べっとう》職《しょく》（管理者）となって神社を支配していた。新政府は全国の神社に神祇官《じんぎかん》を設置し、僧侶の神社支配を禁じ、仏像や仏具、経典など仏教関連のものを廃棄させた。それは神社に関係のない一般寺院にもおよび、民衆が全国の寺院を襲撃した。この仏教排斥運動のことを「廃仏毀釈《はいぶつきしゃく》」と呼んでいる。

廃仏毀釈によって壊滅的な打撃を受けた仏教界を救ったのが、本願寺派の島地黙雷《しまじもくらい》（一八三八～一九一一）である。

周防《すおう》（山口県東部）の本願寺派の寺院の四男として生まれた黙雷は、二十歳で肥後（熊本県）の「累世黌《るいせいこう》」という本願寺派の僧侶養成所に学び、原口針水《はらぐちしんすい》に師事する。針水は、のちに大学林総理（現在の龍谷《りゅうこく》大学学長）を務めるほどの学僧である。

黙雷は、二十代宗主の広如《こうにょ》（大谷光沢《こうたく》、一七九八〜一八七一）に認められて本山改革を行い頭角を現した。三十歳のときに明治新政府が誕生し、翌年からの廃仏毀釈に遭遇した。広如の命《めい》を受けた黙雷は、政府に対して仏教の地位回復をはたらきかけた。また、明治五年（一八七二）には、日本の僧侶として初めて西欧の宗教事情を視察している。

黙雷が西欧視察中、政府は「三条ノ教則」を発布する。これは神道のみを認め、仏教を語ってはいけないという内容だった。それを伝え聞いた黙雷は、「政教分離《せいきょうぶんり》の確立」と「信教の自由」を求める建白書《けんぱくしょ》を提出し、政府の宗教政策を批判。この進歩的な主張は受け入れられ、明治九年（一八七六）には「信教自由令」が発布された。

また、黙雷は大谷派の学僧・織田得能《おだとくのう》とともに『三国仏教略史』を編纂している。これは日本初の仏教史本といわれている。

Q19 「絶対他力」の精神を実践した清澤満之って？

明治・大正・昭和時代

『歎異抄《たんにしょう》』の他力の教えを近代において新しくよみがえらせたのが清澤満之《きよざわまんし》（一八六三〜一九〇三）である。

尾張《おわり》藩の下級武士の家（現在の名古屋市東区）に生まれた満之は、念仏者だった母の影響を受けて十六歳で得度《とくど》、京都に出て東本願寺育英教校に学び、東京大学へ進み西洋哲学を学んだ。また、仏教哲学者の井上円了《いのうええんりょう》（176ページ参照）とも親交を深め、哲学館（東洋大学の前身）の設立にも関わり、教鞭《きょうべん》も執っている。明治二十一年（一八八八）には、二十五歳にして東本願寺が運営していた京都府立尋常《じんじょう》中学校の校長となり、その年に西方寺《さいほうじ》（愛知県碧南《へきなん》市）の次女と結婚する。その二年後には校長を辞し、西方寺に籠って徹底的な禁欲生活を送る。宗教哲学者として出家の精神を身をもって知ろうとしたのだろう。また、ここで『歎異抄』を深く学んだようだ。

その後、満之は宗教哲学の探究とともに大谷派の宗門改革に情熱を傾ける。当時の東本願寺は、北門《ほくもん》（北海道）開拓（168ページ参照）による多額の負債と幕末に焼失した本山堂舎の再建に追われて教学がおろそかになっていた。それを正すために教学の独立を進言したのである。進言は真宗大学（大谷大学の前身）の東京移転開校という形で実現し、満之は初代学監《がっかん》（校長）に就任した。

また、満之は東京の本郷《ほんごう》に「浩々洞《こうこうどう》」という仏教哲学を学ぶ私塾を開設し、門下生らと共同生活を始める。ここで雑誌『精神界』を創刊し、精神主義を論じた。満之の精神主義とは「阿弥陀如来による他力の教えを根本に据えて生きる実行主義、活動主義」、つまり他力信仰の内面的深化の提唱だった。これは、近代仏教思想を確立したものとして大いに注目された。

明治三十六年（一九〇三）、結核を患っていた満之は四十歳で往生した。

真宗大谷派の宗門改革に尽力した清澤満之（写真提供・清澤満之記念館）

Q20

インドの仏教遺跡を発掘調査した「大谷探検隊」って？

明治・大正・昭和時代

本願寺派（西本願寺）二十二代宗主鏡如《きようによ》（大谷光瑞《おおたにこうずい》、一八七六〜一九四八）が組織したのが大谷探検隊である。光瑞は二十一代宗主明如《みようによ》（大谷光尊《こうそん》、一八五〇〜一九〇三）の長男として生まれた。生来、自分を飾らない性格で行動的だったらしく、十歳で上京して学習院に入学するも退学、その後に入学した英学校も退学している。

光瑞の探検家魂に火をつけたのが、二十四歳からの留学だった。清国《しんこく》（中国）巡遊、インドの仏跡巡拝、西欧での宗教情勢視察と約二年間留学していたが、そこで西欧での中央アジアの文化財発掘ブームを知った。各国が先を競って探検隊を中央アジアに送り込んできている。彼らが発掘するものは仏教文化に関するものだった。仏教国ではない国の人たちが仏跡を発掘しても、その思想的価値にたどり着けず貴重な史料が散逸する恐れがあると感じた光瑞は、仏教徒である東洋人が発掘調査すべきであり、それができるのは資金力のある自分しかいないと思ったのだろう。当時、西本願寺の予算は、京都市の予算とほぼ同額といわれるほどだった。

光瑞はロンドンで大谷探検隊を編成し、日本への帰国の途中に中央アジアを発掘調査した。探検隊五名は明治三十五年（一九〇二）八月に出発、そのうち光瑞を含む三名が中央アジアからインドに抜けるルートを調査した。ところが、その調査中に父明如の訃報が届き、光瑞は他の隊員を残して帰国。二十八歳にして本願寺の法統を継ぐ。

二十二代宗主となった光瑞は、その後も第二次、第三次大谷探検隊を中央アジアに派遣している。西欧の探検隊は価値のありそうなものを中心に持ち帰ったが、仏教の研究が目的の大谷探検隊は、墓所にそなえた供物や敷物などあらゆる仏教関連の発掘品を収集したので、シルクロード研究に大きな功績を残した。

ちなみに、光瑞の妻・籌子《かずこ》は、貞明《ていめい》皇后（大正天皇妃・節子《さだこ》）の姉である。つまり光瑞は、大正天皇と義兄弟の関係でつながっている。じつは東西本願寺とも天皇家との関係は深く、大谷派（東本願寺）二十四代闡如《せんにょ》（大谷光暢《こうちょう》）の妻・智子《さとこ》は、香淳《こうじゅん》皇后（昭和天皇妃・良子《ながこ》）の妹である（186・187ページ参照）。

Q21 念仏者となって社会に貢献した人たちは？

明治・大正・昭和時代

近年、浄土真宗の教えを身をもって示し、社会に貢献した念仏者を紹介しよう。

芸術分野では版画家の棟方志功《むなかたしこう》（一九〇三～一九七五）がいる。棟方は太平洋戦争時に富山県に疎開、浄土真宗の他力の教えにふれて目覚めた。「他力を信ずると、板《はん》画《が》（版画）はつくらなくても、自然に生まれてくるのです」と話し、つねに仏の慈悲を感じながら創作にあたったという。

教育界では仏教哲学者で教育者の井上円了《いのうええんりよう》（一八五八～一九一九）がいる。井上は新潟県の大谷派の寺院に生まれ、東本願寺教師教校に学び東京大学で哲学を研究、哲学館（東洋大学の前身）を設立した。また、究極の神秘である「真怪《しんかい》」を見究める目的から妖怪を研究し、「妖怪博士」との異名をとった。

経済界では二大商社「伊藤忠商事」「丸紅」の創業者、初代伊藤忠兵衛《いとうちゆうべえ》（一八四二

～一九〇三）がいる。近江商人の出身で、座右の銘は「商売は菩薩の行《ぎょう》、商売道の尊さは、売買《うりかい》いずれをも益《えき》し、世の不足をうずめ、み仏の心にかなうもの」だったという。行商中、本願寺派の名僧として知られる七里恒順《しちりごうじゅん》と出会い、教えを受けたことが、この言葉のベースとなっている。

また、飲料会社「カルピス」の創業者の三島海雲《みしまかいうん》（一八七八～一九七四）は大阪府の本願寺派の寺院に生まれ、西本願寺学寮（龍谷《りゅうこく》大学の前身）に学ぶ。日露戦争後、蒙古《もうこ》の発酵乳を改良して苦労の末、カルピスの製造に成功した。晩年、「自分が今日あるのは自分個人の力ではない、先輩・友人そして国民大衆の絶大な支援によるものであり、これに報いなければならない」として私財を投じ、人文科学研究を助成する「三島海雲記念財団」を創設した。

井上や三島のように東西本願寺の子弟養成の学校に学んだ偉人は多い。東西本願寺はともに、明治五年（一八七二）の政府の学制発布を受けて全国に小・中・大学などを整備。本願寺派の龍谷大学は寛永《かんえい》十六年（一六三九）に、大谷派の大谷大学は寛文《かんぶん》五年（一六六五）に、それぞれ「学寮」として創設され、現在も京都にある。

もっと知りたい浄土真宗③

西本願寺の桃山建築の謎と新撰組の屯所

西本願寺で最も古い建物は国宝の唐門《からもん》だ。伏見城《ふしみじょう》の遺構とされ、もとは阿弥陀堂の前にあったが、元和《げんな》3年（1617）の火災で唯一焼け残り、現在地に移された。また桃山建築の粋《すい》と讃えられる鴻ノ間《こうのま》や白書院《しろしょいん》なども寛永《かんえい》年間（1624 ～ 1644）の建造とされる。金閣・銀閣とともに「京都三名閣」にかぞえられる国宝の飛雲閣《ひうんかく》も聚楽第《じゅらくだい》の遺構とも伝わるが、確たる証拠は残っていない。これらは、東本願寺が徳川家康の庇護のもと勢力を拡大させていくのに対抗して、西本願寺が豊臣《とよとみ》時代の深い結びつきを強調してのアピールだったと考えられる。

幕末には、長州（山口県北西部）の西本願寺末寺僧の月性《げつしょう》、大洲鉄然《おおずてつねん》らが攘夷勤皇僧《じょういきんのう》として活躍。一方、西本願寺には太鼓楼《たいころう》に隣接して、新撰組《しんせんぐみ》が最も長い期間駐屯した北集会所があった。禁門の変で敗退した長州兵を西本願寺がかくまったため、会津藩が新撰組の屯所《とんしょ》を置いたのだ。隊士たちは太鼓楼を物見櫓《ものみやぐら》とし、境内で訓練を行い、拷問や切腹の場にも使われたといわれる。北集会所は、明治維新後に亀山本徳寺《ほんとくじ》（兵庫県姫路市）に移された。

日本人なら知っておきたい

親鸞と浄土真宗

◆

資料編

●浄土真宗略年表

年号	西暦	できごと
承安3	1173	親鸞、京都の日野の地に誕生
安元元	1175	法然、比叡山をおりて京都吉水で専修念仏を説く
治承4	1180	源頼朝挙兵
治承5	1181	親鸞、慈円について得度、比叡山にのぼる
寿永元	1182	のちに妻となる恵信尼誕生
文治元	1185	平氏、壇ノ浦で滅亡
建久3	1192	頼朝、征夷大将軍となる
建仁元	1201	親鸞、六角堂に参籠。比叡山をおりて法然の弟子となり、専修念仏に帰す
元久元	1204	比叡山衆徒、専修念仏停止を要求。法然は『七箇条制誡(起請文)』を書き、親鸞も署名
元久2	1205	親鸞、法然の『選択本願念仏集』を書写、肖像画を写す。興福寺衆徒、専修念仏停止を奏上
建永元	1206	興福寺衆徒、再び専修念仏停止を訴える
承元元	1207	院宣により念仏停止。親鸞は越後に流罪、法然は四国に流罪となる(承元の法難)。この頃、恵信尼と結婚か
建暦元	1211	流罪赦免、法然は京都へ帰る。翌年、法然往生(80歳)
建保2	1214	親鸞、布教のため常陸(茨城県北東部)へ向かう
元仁元	1224	親鸞、この頃『教行信証』草稿。末娘の覚信尼誕生
文暦2	1235	親鸞、家族をともなってこの頃帰洛
宝治2	1248	親鸞、『浄土和讃』『高僧和讃』を著す
建長5	1253	善鸞、父親鸞の命を受けて関東へ向かう。母の恵信尼、この頃に越後に帰住
建長8	1256	親鸞、息子の善鸞を義絶
正嘉2	1258	親鸞、『正像末和讃』を著す
弘長2	1262	11月28日(新暦では1263年1月16日)、親鸞往生(90歳)
文永7	1270	覚如(親鸞のひ孫)誕生。恵信尼、この頃往生か
文永9	1272	覚信尼、京都東山に大谷廟堂を建立
文永11	1274	覚信尼、大谷廟堂の留守職を願い出る
永仁2	1294	覚如、『報恩講式』を著す。親鸞三十三回忌
永仁3	1295	覚如、『親鸞聖人伝絵』を著す
元亨元	1321	初めて「本願寺」と公称
元亨2	1322	覚如、長男の存覚を義絶
応永22	1415	蓮如、本願寺に誕生
永享10	1438	この頃、存如(本願寺7代)が阿弥陀堂・御影堂を整備
長禄元	1457	蓮如、本願寺8代を継承

寛正6	1465	比叡山衆徒、大谷本願寺を破却（寛正の法難）。蓮如、近江金森（滋賀県守山市）に逃れる
応仁元	1467	応仁の乱（～1477）
文明3	1471	蓮如、越前吉崎（福井県あわら市）に坊舎を建立
文明5	1473	蓮如、『正信偈・和讃』を開版（上梓）
文明7	1475	蓮如、吉崎を退去
長享元	1478	蓮如、山科に本願寺を再興（～1483）
長享2	1488	この頃、加賀一向一揆起こる（～1580）
明応5	1496	蓮如、大坂石山に坊舎を建立
明応8	1499	3月25日、蓮如往生（85歳）
天文元	1532	山科本願寺、近江守護大名六角定頼、法華宗徒らにより焼かれ、翌年、寺基を大坂石山へ移す
元亀元	1570	顕如（本願寺11代）と織田信長の石山合戦始まる（～1580）
天正8	1580	顕如、信長と講和し、紀伊鷺森（和歌山市）へ寺基を移す
天正10	1582	本能寺の変により信長没
天正11	1583	顕如、和泉貝塚（大阪府貝塚市）へ寺基を移す。翌年、秀吉が石山本願寺跡に大坂城を築城
天正13	1585	顕如、大坂天満（大阪市北区）へ寺基を移す。秀吉、関白となる。翌年、太政大臣となる
天正15	1587	秀吉、バテレン（キリスト教徒）追放令を出す
天正19	1591	顕如、秀吉より京都六条堀川の寺地を賜り、寺基を移す
文禄元	1592	顕如往生。長男の教如、本願寺12代となる。秀吉、朝鮮出兵（文禄の役）
文禄2	1593	教如、弟の准如に本願寺12代の座を譲る
慶長2	1597	秀吉、朝鮮に再出兵（慶長の役）、翌年没
慶長5	1600	関ヶ原の合戦
慶長7	1602	教如、家康より京都六条烏丸の寺地を賜り、本願寺を別立（東西本願寺に分立）。翌年、江戸幕府成立
元和元	1615	大坂夏の陣により豊臣氏滅亡。幕府、諸宗諸本山法度制定
寛永12	1635	幕府、寺社奉行設置。禁教令を全国的に強化
寛永14	1637	島原・天草の乱（～1638）。幕府、寺請制度開始
寛永17	1640	幕府、宗門改役設置。宗門人別改帳作成
明治元	1868	明治維新。新政府、神仏分離令発布。廃仏毀釈運動起こる
明治4	1871	新政府、戸籍法制定により宗門人別改帳・寺請制度廃止
明治5	1872	浄土真宗教団、「真宗」を公称
明治9	1876	信教自由令発布
昭和27	1952	真宗浄興寺派本山浄興寺、真宗大谷派より独立
昭和56	1981	浄土真宗東本願寺派本山東本願寺、真宗大谷派より独立
昭和62	1987	真宗大谷派本山、正式名称を「真宗本廟」とする

● 関東二十四輩と関東二十四輩寺院

親鸞の関東布教時代（1214 ～ 1235）、直接教えを受けた高弟を「関東二十四輩」という。その活動拠点は寺院となり、江戸時代後期には巡拝が盛んに行われた。

	高弟	寺院名(所在地)	宗派
1番	性信	報恩寺(東京都台東区東上野) 報恩寺(茨城県常総市豊岡町)	大谷派 大谷派
2番	真仏	専修寺(栃木県真岡市高田)	高田派
3番	順信	無量寿寺(茨城県鉾田市鳥栖) 無量寿寺(茨城県鉾田市下冨田)	本願寺派 大谷派
4番	乗念	如来寺(茨城県石岡市柿岡)	大谷派
5番	信楽	弘徳寺(茨城県結城郡八千代町) 弘徳寺(神奈川県厚木市飯山)	大谷派 本願寺派
6番	成然	妙安寺(群馬県前橋市千代田町) 妙安寺(茨城県猿島郡境町一ノ谷) 妙安寺(茨城県坂東市みむら)	大谷派 大谷派 大谷派
7番	西念	西念寺(茨城県坂東市辺田) 宗願寺(茨城県古河市中央町) 長命寺(千葉県野田市上花輪) 長命寺(長野県長野市南堀)	大谷派 本願寺派 大谷派 本願寺派
8番	證性 (性證)	蓮生寺(福島県東白川郡棚倉町) 青蓮寺(茨城県常陸太田市東連地町)	東本願寺派 本願寺派
9番	善性	東弘寺(茨城県常総市大房)	大谷派
10番	是信	本誓寺(岩手県盛岡市名須川町) 本誓寺(長野県長野市松代町)	大谷派 大谷派
11番	無為信	無為信寺(新潟県阿賀野市下条町) 称念寺(宮城県仙台市青葉区)	大谷派 本願寺派
12番	善念	善重寺(茨城県水戸市酒門町) 善徳寺(茨城県常陸大宮市鷲子)	大谷派 本願寺派
13番	信願	慈願寺(栃木県那須郡那珂川町建武) 慈願寺(栃木県那須烏山市中央) 観専寺(栃木県宇都宮市材木町)	本願寺派 大谷派 本願寺派
14番	定信	阿弥陀寺(茨城県那珂市額田) 願船寺(茨城県那珂郡東海村石神外宿)	大谷派 大谷派
15番	入西(道円)	枕石寺(茨城県常陸太田市上河合町)	大谷派
16番	穴沢の入信	寿命寺(茨城県常陸大宮市野口)	本願寺派
17番	念信	照願寺(茨城県常陸大宮市鷲子) 照願寺(千葉県いすみ市大原)	大谷派 本願寺派
18番	八田の入信	常福寺(茨城県つくば市大曽根)	大谷派
19番	明法(弁円)	上宮寺(茨城県那珂市本米崎) 法専寺(茨城県常陸大宮市東野)	本願寺派 大谷派

20番	慈善	常弘寺（茨城県常陸大宮市石沢）	本願寺派
21番	唯仏	浄光寺（茨城県ひたちなか市館山）	本願寺派
22番	戸森の唯信	唯信寺（茨城県笠間市大田町）	大谷派
23番	幡谷の唯信	信願寺（茨城県水戸市緑町） 覚念寺（茨城県日立市金沢町）	本願寺派 高田派
24番	唯円	西光寺（茨城県常陸太田市谷河原町） 本泉寺（茨城県常陸大宮市野上）	大谷派 本願寺派

● 蓮如ゆかりの野栗二十四カ寺（滋賀県）

寛正６年（1465）、蓮如は大谷本願寺破却（寛正の法難）により近江に逃れ、野洲・栗太の門徒を頼って金森の念仏道場（滋賀県守山市）に３年間居住した。

※順不同

	寺院名	所在地	宗派
1	錦織寺	野洲市木部	木辺派本山
2	浄満寺	野洲市野洲	大谷派
3	道栄寺	野洲市八夫	大谷派
4	本覚寺	栗東市綣	本願寺派
5	福正寺	栗東市六地蔵	大谷派
6	円徳寺	栗東市手原	本願寺派
7	安養寺	栗東市安養寺	大谷派
8	西光寺	栗東市出庭	大谷派
9	蓮如堂	守山市赤野井町浜	—
10	今姓寺	守山市水保町	本願寺派
11	聞光寺	守山市矢島町荒見	本願寺派
12	西照寺	守山市矢島町	大谷派
13	蓮光寺	守山市洲本町	大谷派
14	順教寺	守山市笠原町	大谷派
15	円立寺	守山市播磨田町	本願寺派
16	延命寺	守山市播磨田町	本願寺派
17	善立寺	守山市金森町	大谷派
18	因宗寺	守山市金森町	大谷派
19	蓮生寺	守山市三宅町	大谷派
20	安楽寺	守山市千代町	大谷派
21	慶先寺	守山市山賀町	本願寺派
22	称名寺	守山市守山	本願寺派
23	西蓮寺	草津市上寺町	大谷派
24	光明寺	草津市渋川	興正派

● 真宗十派（真宗教団連合）

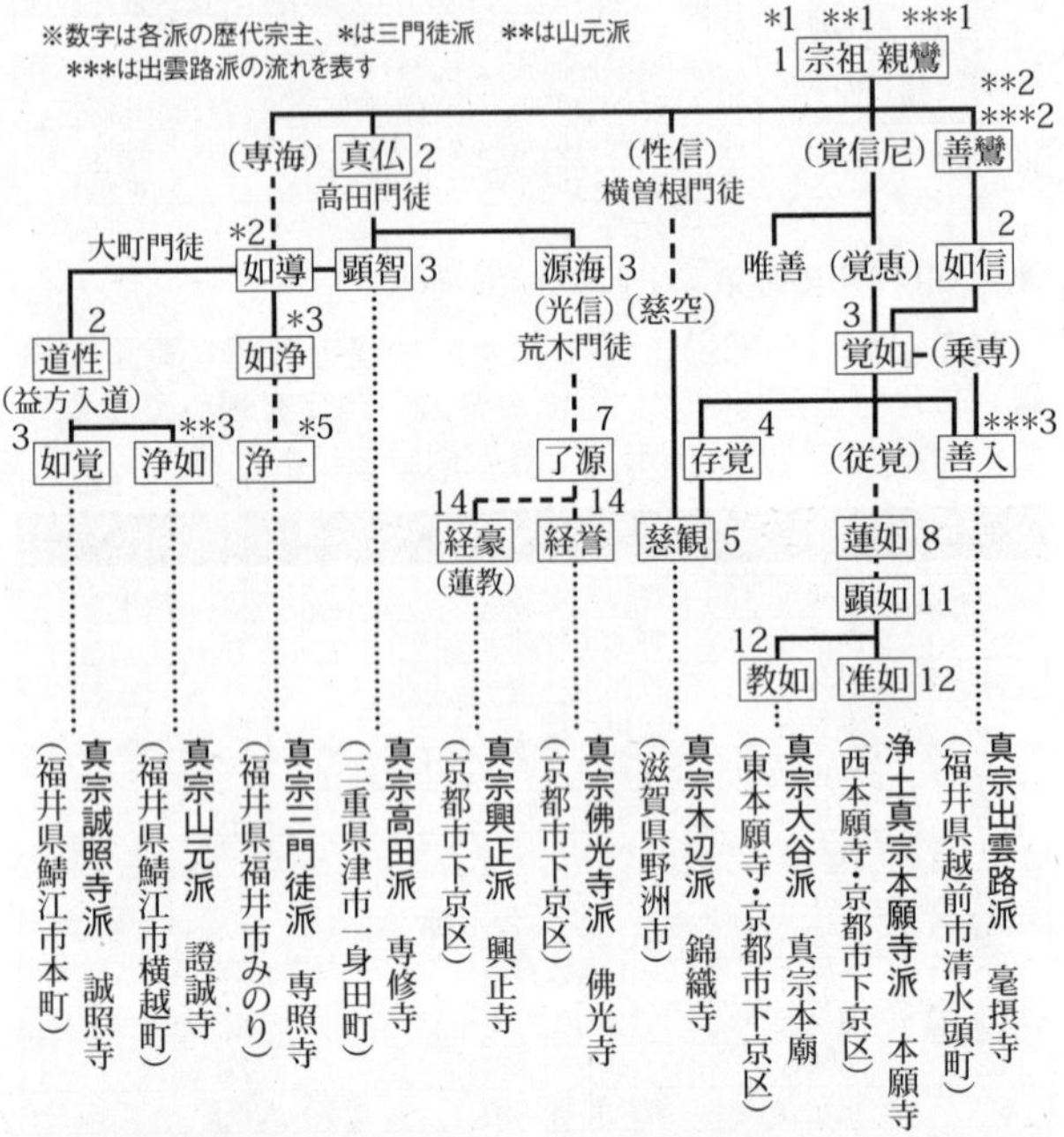

● その他のおもな真宗宗派

寺院名	所在地	宗派	特徴
西念寺	茨城県笠間市稲田	浄土真宗単立別格本山	親鸞の稲田禅房
真佛寺	茨城県水戸市飯富町	浄土真宗単立寺院	親鸞の御田植歌旧跡
願入寺	茨城県東茨城郡大洗町	原始真宗大網門跡	如信の大網御坊
浄興寺	新潟県上越市	真宗浄興寺派本山	1952年に真宗大谷派より独立
浄土真宗東本願寺派本山東本願寺（通称：浅草本願寺）	東京都台東区	浄土真宗東本願寺派本山	1981年に真宗大谷派より独立

● 本願寺歴代宗主(門主・門首)

※本願寺派は「門主」、
大谷派は「門首」と表記する

歴代	宗主	生没年
初　代	親鸞《しんらん》	1173〜1263
第２代	如信《にょしん》	1235〜1300
第３代	覚如《かくにょ》	1270〜1351
第４代	善如《ぜんにょ》	1333〜1389
第５代	綽如《しゃくにょ》	1350〜1393
第６代	巧如《ぎょうにょ》	1376〜1440
第７代	存如《ぞんにょ》	1396〜1457
第８代	蓮如《れんにょ》	1415〜1499
第９代	実如《じつにょ》	1458〜1525
第10代	証如《しょうにょ》	1516〜1554
第11代	顕如《けんにょ》	1543〜1592

(浄土真宗本願寺派)

歴代	宗主	生没年
第12代	准如《じゅんにょ》	1577〜1630
第13代	良如《りょうにょ》	1612〜1662
第14代	寂如《じゃくにょ》	1651〜1725
第15代	住如《じゅうにょ》	1673〜1739
第16代	湛如《たんにょ》	1716〜1741
第17代	法如《ほうにょ》	1707〜1789
第18代	文如《もんにょ》	1744〜1799
第19代	本如《ほんにょ》	1778〜1826
第20代	広如《こうにょ》	1798〜1871
第21代	明如《みょうにょ》	1850〜1903
第22代	鏡如《きょうにょ》	1876〜1948
第23代	勝如《しょうにょ》	1911〜2002
第24代	即如《そくにょ》	1945〜
第25代	専如《せんにょ》	1977〜

(真宗大谷派)

歴代	宗主	生没年
第12代	教如《きょうにょ》	1558〜1614
第13代	宣如《せんにょ》	1602〜1658
第14代	琢如《たくにょ》	1625〜1671
第15代	常如《じょうにょ》	1641〜1694
第16代	一如《いちにょ》	1649〜1700
第17代	真如《しんにょ》	1682〜1744
第18代	従如《じゅうにょ》	1720〜1760
第19代	乗如《じょうにょ》	1744〜1792
第20代	達如《たつにょ》	1780〜1865
第21代	厳如《ごんにょ》	1817〜1894
第22代	現如《げんにょ》	1852〜1923
第23代	彰如《しょうにょ》	1875〜1943
第24代	闡如《せんにょ》	1903〜1993
第25代	浄如《じょうにょ》	1930〜

(浄土真宗東本願寺派)

歴代	宗主	生没年
第25代	興如《こうにょ》	1925〜1999
第26代	聞如《もんにょ》	1965〜

●浄土真宗本願寺派大谷家の略系図(明治以降)

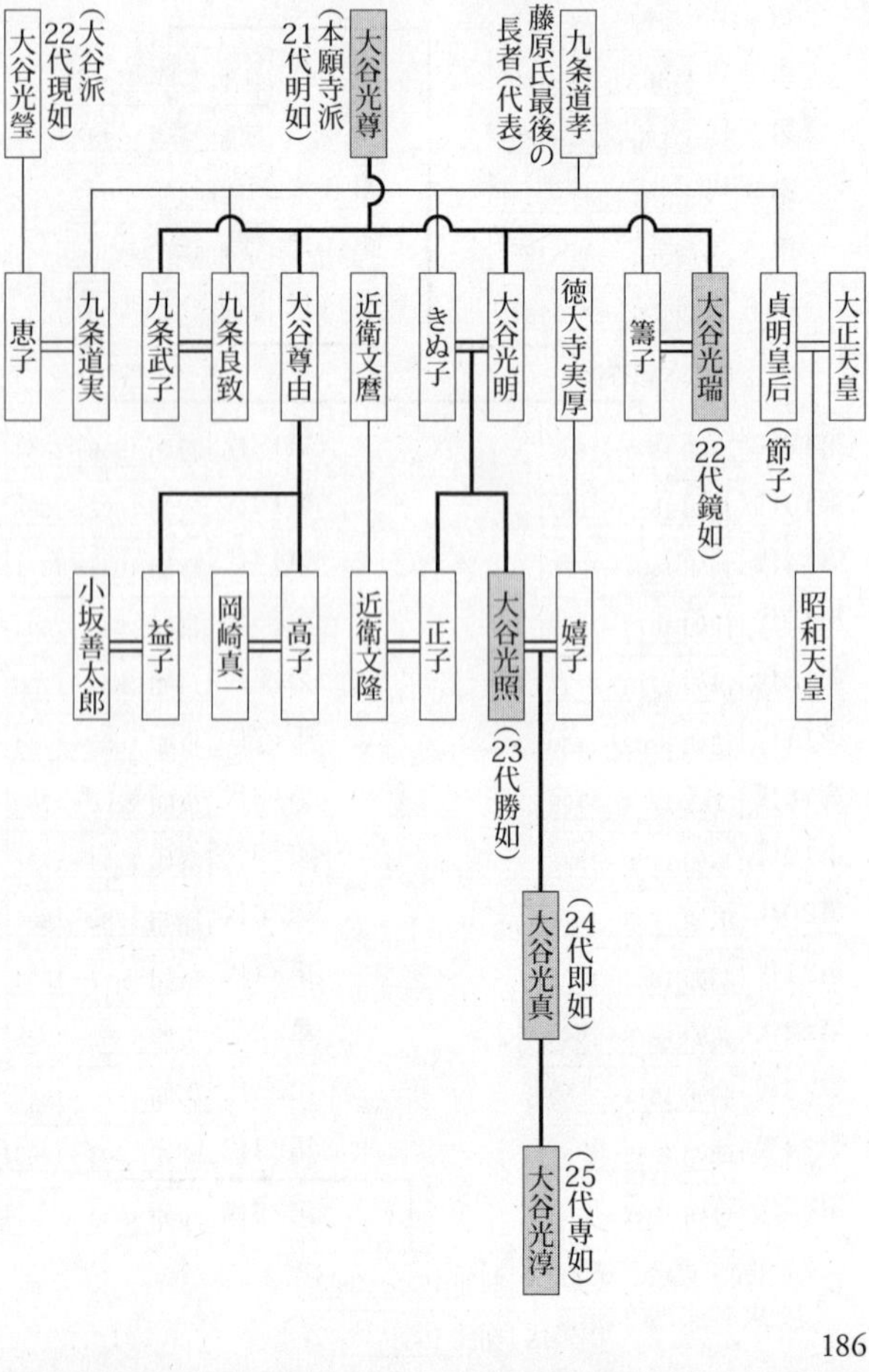

●真宗大谷派大谷家の略系図（明治以降）

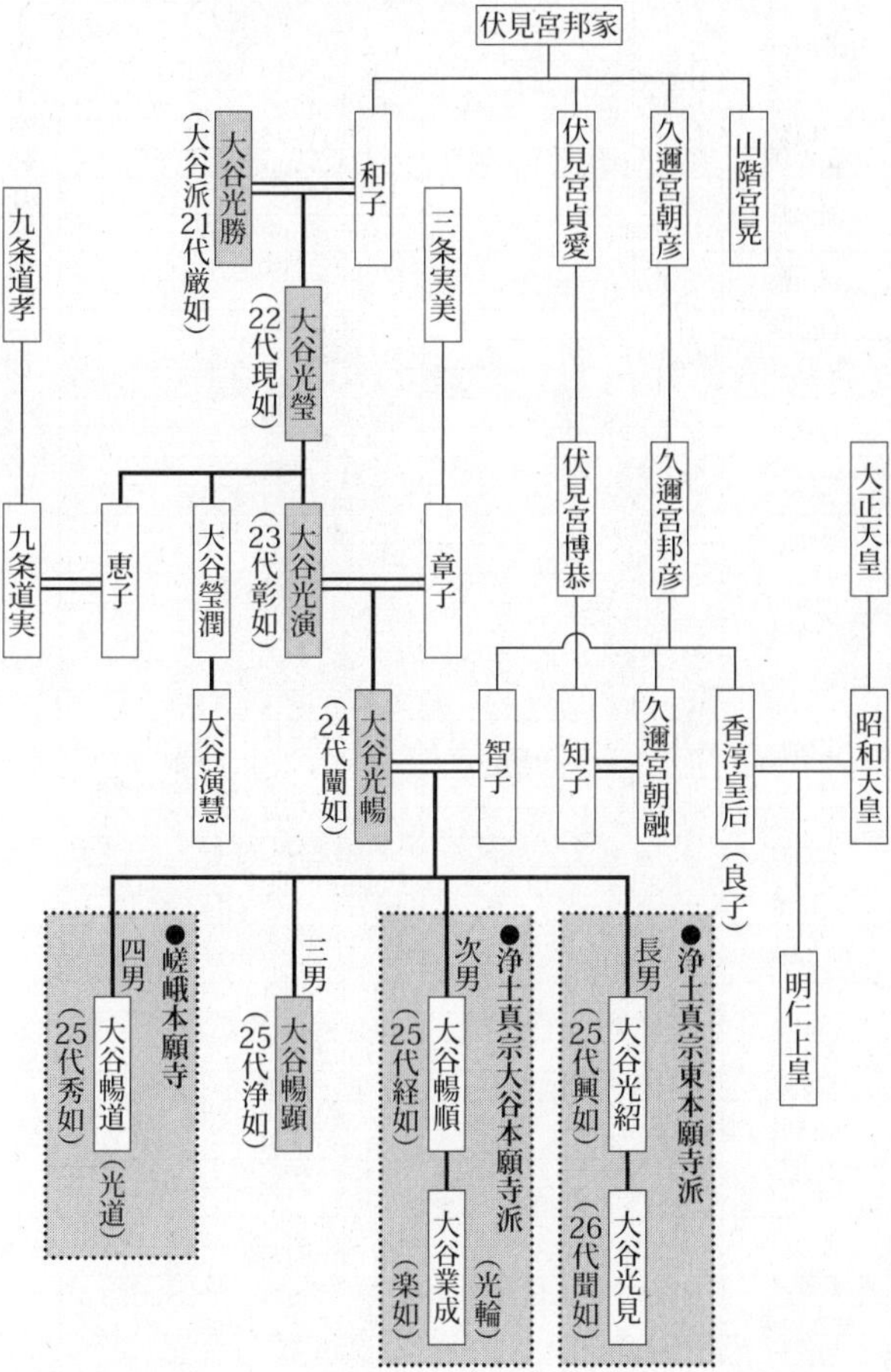

●浄土真宗本願寺派別院一覧

都道府県名	別院名	所在地
北海道	札幌別院	札幌市中央区北三条西
	江差別院	檜山郡江差町本町
	帯広別院	帯広市東三条南
	小樽別院	小樽市若松町
	函館別院	函館市東川町
宮城県	仙台別院	仙台市青葉区支倉町
東京都	築地本願寺	中央区築地
新潟県	国府別院	上越市国府
	新潟別院	長岡市与板町与板乙
富山県	富山別院	富山市総曲輪
	井波別院	南砺市畑方
石川県	金沢別院	金沢市笠市町
福井県	福井別院	福井市松本
	吉崎別院	あわら市吉崎
長野県	長野別院	長野市西後町
	松本別院	松本市蟻ケ崎
岐阜県	岐阜別院	岐阜市西野町
	笠松別院	羽島郡笠松町柳原町
愛知県	名古屋別院	名古屋市中区門前町
	三河別院	岡崎市十王町
滋賀県	八幡別院	近江八幡市北元町
	赤野井別院	守山市赤野井町
	近松別院	大津市札の辻
	長浜別院	長浜市南呉服町
京都府	山科別院	京都市山科区東野狐藪町
	西山別院	京都市西京区川島北裏町
	角坊(本願寺飛地境内)	京都市右京区山ノ内御堂殿町
	北山別院	京都市左京区一乗寺薬師堂町
大阪府	津村別院	大阪市中央区本町
	堺別院	堺市堺区神明町東
	尾崎別院	阪南市尾崎町
兵庫県	神戸別院	神戸市中央区下山手通
和歌山県	鷺森別院	和歌山市鷺森
	日高別院	御坊市御坊
広島県	広島別院	広島市中区寺町
山口県	山口別院	山口市小郡花園町
香川県	塩屋別院	丸亀市塩屋町
高知県	高知別院	高知市追手筋
福岡県	鎮西別院	北九州市門司区別院
	大牟田別院	大牟田市上町
熊本県	熊本別院	熊本市中央区坪井
	人吉別院	人吉市七日町
大分県	別府別院	別府市北浜
	四日市別院	宇佐市四日市
宮崎県	宮崎別院	宮崎市柳丸町
鹿児島県	鹿児島別院	鹿児島市東千石町
沖縄県	沖縄別院	浦添市伊祖

●真宗大谷派別院一覧

都道府県名	別院名	所在地
北海道	札幌別院	札幌市中央区南七条西
	函館別院	函館市元町
	旭川別院	旭川市宮下通
	帯広別院	帯広市東三条南
	根室別院	根室市平内町
	江差別院	檜山郡江差町中歌町
宮城県	東北別院	仙台市宮城野区小田原
福島県	原町別院	南相馬市原町区南町
神奈川県	横浜別院	横浜市港南区日野
山梨県	甲府別院（光澤寺）	甲府市相生
新潟県	三条別院	三条市本町
	高田別院	上越市寺町
	新井別院	妙高市下町
富山県	富山別院	富山市総曲輪
	井波別院（瑞泉寺）	南砺市井波
	城端別院（善徳寺）	南砺市城端
石川県	金沢別院	金沢市安江町
	鶴来別院	白山市鶴来清沢町
福井県	福井別院（本瑞寺）	福井市花月
	吉崎別院	あわら市吉崎
岐阜県	高山別院（照蓮寺）	高山市鉄砲町
	岐阜別院	岐阜市大門町
	大垣別院（開闡寺）	大垣市伝馬町
	高須別院（二恩寺）	海津市海津町高須町
	竹鼻別院	羽島市竹鼻町
	笠松別院	羽島郡笠松町西宮町
愛知県	三河別院	岡崎市中町字野添
	名古屋別院	名古屋市中区橘
	豊橋別院	豊橋市花園町
	赤羽別院（親宣寺）	西尾市一色町赤羽字上郷中
静岡県	静岡別院	静岡市葵区屋形町
三重県	桑名別院（本統寺）	桑名市北寺町
滋賀県	長浜別院（大通寺）	長浜市元浜町
	五村別院	長浜市五村
	赤野井別院	守山市赤野井町
	大津別院	大津市中央
京都府	山科別院（長福寺）	京都市山科区竹鼻サイカシ町
	岡崎別院	京都市左京区岡崎天王町
	伏見別院	京都市伏見区大阪町
大阪府	難波別院	大阪市中央区久太郎町
	天満別院	大阪市北区東天満
	八尾別院（大信寺）	八尾市本町
	茨木別院	茨木市別院町
奈良県	大和大谷別院	大和高田市大谷
兵庫県	姫路船場別院（本徳寺）	姫路市地内町
	赤穂別院（妙慶寺）	赤穂市加里屋
広島県	広島別院（明信院）	広島市中区宝町
高知県	土佐別院	高知市鳥越
大分県	四日市別院	宇佐市四日市
長崎県	佐世保別院	佐世保市島瀬町
鹿児島県	鹿児島別院	鹿児島市新町
沖縄県	東本願寺沖縄別院	宜野湾市大山

【参考文献】

菊地祐恭『お内仏のお給仕と心得』（東本願寺出版部、一九六六年）／真宗聖典編纂委員会編集『真宗聖典』（東本願寺出版部、一九七八年）／細川行信監修『古寺巡礼ガイド親鸞―付・蓮如の旅』（法藏館、一九八三年）／野々村智剣・仏教文化研究会『浄土真宗と親しくつき合う本』（探究社、一九八四年）／真宗仏事研究会編著『お内仏のお給仕 真宗門徒の仏事作法1』（法藏館、一九八四年）／山野上純夫・横山真佳・田原由紀雄『仏教宗派の常識』（朱鷺書房、一九八四年）／『親鸞と真宗』（読売新聞社、一九八五年）／野々村智剣『門徒もの知り帳上・下』（法藏館、一九八七年）／浄土真宗聖典編纂委員会編纂『浄土真宗聖典』（本願寺出版社、一九八八年）／末本弘然『仏事のイロハ』（本願寺出版社、一九八九年）／『念仏のこころ 蓮如と本願寺教団』（読売新聞社、一九九一年）／野々村智剣・仏教文化研究会『暮らしの中の門徒手帳』（探究社、一九九三年）／今井雅晴『如信上人』（真宗大谷派東京教務所、一九九五年）／早島大英監修『うちのお寺は浄土真宗本願寺派』（双葉社、二〇〇五年）／坂東浩監修『うちのお寺は真宗大谷派』（双葉社、二〇〇五年）／千葉乗隆『図解雑学浄土真宗』（ナツメ社、二〇〇五年）／山崎龍明監修『親鸞と浄土真宗 知れば知るほど』（実業之日本社、二〇〇六年）／井上鋭夫『本願寺』（講談社学術文庫、二〇〇八年）／菊村紀彦監修、田中治郎著『面白いほどよくわかる 浄土真宗』（日本文芸社、二〇〇八年）／『一個人（特集・日本の仏教入門）』（ＫＫベストセラーズ、二〇一〇年七月号）／今井雅晴監修『親鸞聖人 関東ご旧跡ガイド』（本願寺出版社、二〇一一年）／『親鸞の歩き方』（ダイヤモンド社、二〇一一年）／武田鏡村『本願寺と天下人の50年戦争』（学研新書、二〇一一年）／『親鸞とは何か』（講談社、二〇一一年）／『入門 日本の仏教』（洋泉社、二〇一二年）／『一個人（特集・仏教宗派入門）』（ＫＫベストセラーズ、二〇一二年九月号）／伊藤智誠『妙好人めぐりの旅』（法藏館、二〇一二年）／早島大英監修『早わかり！ 親鸞と浄土真宗』（三笠書房 知的生き方文庫、二〇一三年）

知恵の森
KOBUNSHA

日本人《にほんじん》なら知《し》っておきたい親鸞《しんらん》と浄土《じょうど》真宗《しんしゅう》

教義《きょうぎ》と宗派《しゅうは》の歴史《れきし》がスッキリわかる

監修者──山折哲雄（やまおり てつお）

2019年　9月20日　初版1刷発行

発行者──田邉浩司
組　版──堀内印刷
印刷所──堀内印刷
製本所──ナショナル製本
発行所──株式会社 光文社
東京都文京区音羽1-16-6 〒112-8011
電　話──編集部(03)5395-8282
書籍販売部(03)5395-8116
業務部(03)5395-8125
メール ──chie@kobunsha.com

ISBN978-4-334-78775-2　Printed in Japan